Mad fra Middelhavet

En rejse gennem den sunde og velsmagende madkultur fra Middelhavet

Sofia Larsen

Abstrakt

Broccolisalat 9

Spinat og jordbær salat 11

Pæresalat med Roquefort ost 13

Mexicansk bønnesalat 15

Melonsalat 17

Sellerisalat med appelsin 19

Brændt broccolisalat 20

Tomatsalat 22

Rødbeder feta salat 23

Blomkål og tomatsalat 24

Pilaf med flødeost 25

Ristet aubergine salat 27

Ristede grøntsager 28

Pistacie rucola salat 30

Bygrisotto med parmesanost 31

Skaldyr og avocado salat 33

Middelhavs rejesalat 35

Kikærtepastasalat 36

middelhavsstegt 38

Balsamico agurkesalat 40

Oksekød kefta frikadeller med agurkesalat 41

Kyllinge- og agurkesalat med persillepesto 43

Let rucola salat 45

Feta Garbanzo bønnesalat 46

Græske skåle med brune og vilde ris 47

græsk salat 48

Skrubbesalat med citron og fennikel 50

Græsk grøntsags kyllingesalat 52

Græsk couscous salat 54

Denver stegt omelet 56

Pølse pande 58

Grillede marinerede rejer 60

Pølse og æggegryde 62

Bagt firkantet omelet 64

Kogt æg 66

Svampe med sojasovs glasur 67

Æggekager 69

Dinosaur æg 71

Paleo Mandel Banan Pandekager 75

Æg zucchini 77

Amish ost morgenmad blanding 78

Mandelpandekager 80

Quinoa frugtsalat 82

Jordbær og rabarber smoothie 82

Havregrød 83

Honningkager og græskar smoothie 84

Grøn juice 85

Valnød og daddel smoothie 87

Frugt milkshake 88

Banan og chokolade smoothie 89

Yoghurt med blåbær, honning og mynte 90

Parfait med bær og yoghurt 91

Havregryn med bær og solsikkekerner 92

Hurtig mandel- og ahornkorn 93

Bananhavre 95

En morgenmadssandwich 96

Morgen couscous 98

Avocado og æble smoothie 100

Mini omelet 101

Tørret tomat havregryn 103

Æg og avocado 104

Tomat og basilikumsuppe 105

Butternut squash hummus 107

Muffins med skinke 108

Spelt salat 108

Omelet med linser og cheddar 110

Garganelli med zucchini og rejepesto 112

Lakse ris 115

Pasta med cherrytomater og ansjoser 117

Broccoli og pølse Orecchiette 119

Radise og røget baconrisotto 121

Pasta Alla Genovese 123

Napolitansk blomkålspasta 126

Pasta og bønner, appelsin og fennikel 128

Citron spaghetti 130

Cous cous med krydrede grøntsager 132

Krydrede stegte ris med fennikel 134

Marokkansk cous cous med kikærter 136

Vegetarisk paella med grønne bønner og kikærter 138

Hvidløgsrejer med tomater og basilikum 140

Paella med rejer 142

Linsesalat med oliven, mynte og feta 144

Kikærter med hvidløg og persille 146

Stuvede kikærter med auberginer og tomater 148

Græske ris med citron 150

Ris med aromatiske urter 152

Middelhavsrissalat 154

Frisk bønne- og tunsalat 156

Lækker pasta med kylling 158

Smag Taco Bowl Ris 160

Lækker mac og ost 162

Ris med oliven og agurker 164

Risotto med aromatiske urter 166

Lækker Primavera pasta 168

Tilapia med rødløg og avocado 170

Grillet fisk 172

Fisk i en pande 174

Sprøde fiskepinde 176

Laks i en gryde 178

Toscansk tun og zucchini burger 180

Siciliansk sortkål og tun skål 182

Middelhavs torskegryderet 184

Dampede muslinger i hvidvinssauce 186

Rejer med appelsin og hvidløg 188

Rejeboller bagt i ovnen 190

Krydret rejer puttanesca 192

Tun sandwich 194

Laksesalat med dild 196

Hvid muslingetærte 198

Fiskeret med bagte bønner 200

Torskegryderet med svampe 201

Krydret sværdfisk 203

Pasta Mania med ansjoser 205

Pasta med rejer og hvidløg 206

Orange fiskemel 208

Rejer Zoodles 209

Aspargesmel 211

Grønkål oliven tun 213

Kylling med kapersauce 215

Broccolisalat

Forberedelsestid: 10 minutter
Tid til at lave mad: 15 minutter
Portioner: 6
Sværhedsgrad: medium

Ingredienser:

- 10 skiver bacon
- 1 kop frisk broccoli
- 1/4 kop rødløg, hakket
- ½ kop rosiner
- 3 spsk hvidvinseddike
- 2 spsk hvidt sukker
- 1 kop mayonnaise
- 1 kop solsikkekerner

Indikationer:

Steg baconen i en slip-let pande ved middel varme. Dræn, smuldr og stil til side. Kombiner broccoli, løg og rosiner i en mellemstor skål. Bland eddike, sukker og mayonnaise i en lille skål. Hæld broccoliblandingen over og rør rundt. Lad det køle af i mindst to timer.

Inden servering blandes salaten med smuldret bacon og solsikkekerner.

Næringsværdi (pr. 100 g): 559 kalorier 48,1 g fedt 31 g kulhydrater 18 g protein 584 mg natrium

Spinat og jordbær salat

Forberedelsestid: 10 minutter

Tid til at lave mad: 0 minutter

Portioner: 4

Sværhedsgrad: let

Ingredienser:

- 2 spsk sesamfrø
- 1 spsk valmuefrø
- 1/2 kop hvidt sukker
- 1/2 kop olivenolie
- 1/4 kop destilleret hvid eddike
- 1/4 tsk paprika
- 1/4 tsk Worcestershire sauce
- 1 spsk hakket løg
- 10 ounce frisk spinat
- 1 liter jordbær - renset, skrællet og skåret i skiver
- 1/4 kop mandler, blancheret og skåret i skiver

Indikationer:

I en mellemstor skål kombineres de samme frø, valmuefrø, sukker, olivenolie, eddike, paprika, Worcestershiresauce og løg. Dæk til og lad afkøle i en time.

I en stor skål blandes spinat, jordbær og mandler. Hæld dressingen over salaten og bland. Stil i køleskabet i 10 til 15 minutter før servering.

Næringsværdi (pr. 100 g): 491 kalorier 35,2 g fedt 42,9 g kulhydrater 6 g protein 691 mg natrium

Pæresalat med Roquefort ost

Forberedelsestid: 20 minutter

Tid til at lave mad: 10 minutter

Portioner: 2

Sværhedsgrad: medium

Ingredienser:

- 1 blad salat, skåret i små stykker
- 3 pærer - skrællede, udstenede og skåret i tern
- 5 ounce Roquefort, smuldret
- 1 avocado – skrællet, udsået og skåret i tern
- 1/2 kop hakket forårsløg
- 1/4 kop hvidt sukker
- 1/2 kop pekannødder
- 1/3 kop olivenolie
- 3 spsk rødvinseddike
- 1 og en halv teskefuld hvidt sukker
- 1 1/2 tsk tilberedt sennep
- 1/2 tsk salt sort peber
- 1 fed hvidløg

Indikationer:

Kombiner 1/4 kop sukker med pekannødder i en stegepande over medium varme. Fortsæt med at røre forsigtigt, indtil sukkeret karamelliserer med pekannødderne. Overfør forsigtigt valnødderne til det voksede papir. Lad det køle af og brække det i stykker.

Til vinaigrette blandes olie, marinade, 1 og en halv teskefuld sukker, sennep, hakket hvidløg, salt og peber.

Bland salat, pærer, blåskimmelost, avocado og forårsløg i en dyb skål. Kom vinaigretten på salaten, drys med pekannødder og server.

Næringsværdi (pr. 100 g): 426 kalorier 31,6 g fedt 33,1 g kulhydrater 8 g protein 481 mg natrium

Mexicansk bønnesalat

Forberedelsestid: 15 minutter

Tid til at lave mad: 0 minutter

Portioner: 6

Sværhedsgrad: let

Ingredienser:

- 1 dåse (15 ounce) sorte bønner, drænet
- 1 dåse (15 ounce) røde kidneybønner, drænet
- 1 dåse (15 ounce) hvide bønner, drænet
- 1 grøn peberfrugt, hakket
- 1 rød peberfrugt, hakket
- 1 pakke frosne majskerner
- 1 rødløg, hakket
- 2 spsk frisk limesaft
- 1/2 kop olivenolie
- 1/2 kop rødvinseddike
- 1 spiseskefuld citronsaft
- 1 spiseskefuld salt
- 2 spsk hvidt sukker
- 1 fed presset hvidløg
- 1/4 kop hakket koriander
- 1/2 spsk stødt spidskommen
- 1/2 skefuld kværnet sort peber
- 1 knivspids chilisauce

- 1/2 tsk chilipulver

Indikationer:

Kombiner bønner, peberfrugt, frosne majs og rødløg i en stor skål. Bland olivenolie, limesaft, rødvinseddike, citronsaft, sukker, salt, hvidløg, koriander, spidskommen og sort peber i en lille skål – smag til med hot sauce og chilipulver.

Hæld vinaigrette med olivenolie over grøntsagerne; bland godt. Afkøl godt og server koldt.

Næringsværdi (pr. 100 g): 334 kalorier 14,8 g fedt 41,7 g kulhydrater 11,2 g protein 581 mg natrium

Melonsalat

Forberedelsestid: 20 minutter

Tid til at lave mad: 0 minutter

Portioner: 6

Sværhedsgrad: medium

Ingredienser:

- ¼ teskefuld havsalt
- ¼ teskefuld sort peber
- 1 spsk balsamicoeddike
- 1 cantaloupe, delt i kvarte og frøet
- 12 vandmeloner, små og uden kerner
- 2 kopper mozzarella, frisk
- 1/3 kop basilikum, frisk og hakket
- 2 skeer. olivenolie

Indikationer:

Skrab cantaloupekuglerne og læg dem i et dørslag over en serveringsskål. Brug din melonballer til også at skære vandmelonen, og læg dem derefter sammen med melonen.

Lad frugten dryppe af i ti minutter, og stil derefter saften på køl til en anden opskrift. Det kan også tilføjes til smoothies. Rengør skålen og kom frugten i den.

Tilsæt basilikum, olie, eddike, mozzarella og tomater, inden du smager til med salt og peber. Bland forsigtigt og server straks eller koldt.

Næringsværdi (pr. 100 g): 218 kalorier 13 g fedt 9 g kulhydrater 10 g protein 581 mg natrium

Sellerisalat med appelsin

Forberedelsestid: 15 minutter

Tid til at lave mad: 0 minutter

Portioner: 6

Sværhedsgrad: let

Ingredienser:

- 1 spsk frisk citronsaft
- ¼ teskefuld fint havsalt
- ¼ teskefuld sort peber
- 1 spsk olivenlage
- 1 spsk olivenolie
- 1/4 kop rødløg, skåret i skiver
- ½ kop grønne oliven
- 2 appelsiner, skrællet og skåret i skiver
- 3 selleristængler, skåret diagonalt i ½-tommers terninger

Indikationer:

Læg appelsiner, oliven, løg og selleri i en lav skål. I en anden skål piskes olie, lage og citronsaft, hældes over salaten. Smag til med salt og peber inden servering.

Næringsværdi (pr. 100 g): 65 kalorier 7 g fedt 9 g kulhydrater 2 g protein 614 mg natrium

Brændt broccolisalat

Forberedelsestid: 20 minutter
Tid til at lave mad: 10 minutter
Portioner: 4
Sværhedsgrad: hårdt

Ingredienser:

- 1 pund broccoli, skåret i buketter og stilke
- 3 spsk olivenolie, delt
- 1 halv liter cherrytomater
- 1 1/2 tsk honning, rå og delt
- 3 kopper fuldkornsbrød skåret i tern
- 1 spsk balsamicoeddike
- ½ tsk sort peber
- ¼ teskefuld fint havsalt
- revet parmesan til servering

Indikationer:

Forvarm ovnen til 450 grader, og tag derefter en bageplade ud. Sæt i ovnen til opvarmning. Hæld en spiseskefuld olie over broccolien og bland til belægning.

Tag pladen ud af ovnen og fordel broccolien over den. Lad olien ligge i bunden af gryden, tilsæt tomaterne, rør rundt og krydr derefter tomaterne med en skefuld honning. Hæld dem i samme gryde som broccolien.

Kog i cirka femten minutter og rør rundt halvvejs gennem tilberedningen. Tilsæt brødet og bag i yderligere tre minutter. Pisk to spiseskefulde olie, eddike og den resterende honning sammen. Tilsæt salt og peber. Hæld broccoliblandingen over til servering.

Næringsværdi (pr. 100 g): 226 kalorier 12 g fedt 26 g kulhydrater 7 g protein 581 mg natrium

Tomatsalat

Forberedelsestid: 20 minutter
Tid til at lave mad: 0 minutter
Portioner: 4
Sværhedsgrad: let

Ingredienser:

- 1 agurk, skåret i skiver
- 1/4 kop soltørrede tomater, hakket
- 1 pund tomater i tern
- ½ kop sorte oliven
- 1 rødløg, skåret i skiver
- 1 spsk balsamicoeddike
- ¼ kop frisk og hakket persille
- 2 spsk olivenolie
- havsalt og sort peber efter smag

Indikationer:

Tag en skål og bland alle grøntsagerne. For at forberede dressingen skal du blande al dressingen, olivenolie og eddike. Smag til med salat og server frisk.

Næringsværdi (pr. 100 g): 126 kalorier 9,2 g fedt 11,5 g kulhydrater 2,1 g protein 681 mg natrium

Rødbeder feta salat

Forberedelsestid: 15 minutter

Tid til at lave mad: 0 minutter

Portioner: 4

Sværhedsgrad: let

Ingredienser:

- 6 rødbeder, kogt og skrællet
- 3 ounces fetaost, i tern
- 2 spsk olivenolie
- 2 spsk balsamicoeddike

Indikationer:

Kombiner det hele og server.

Næringsværdi (pr. 100 g): 230 kalorier 12 g fedt 26,3 g kulhydrater 7,3 g protein 614 mg natrium

Blomkål og tomatsalat

Forberedelsestid: 15 minutter

Tid til at lave mad: 0 minutter

Portioner: 4

Sværhedsgrad: let

Ingredienser:

- 1 blomkålshoved, hakket
- 2 spsk persille, frisk og hakket
- 2 kopper cherrytomater, skåret i halve
- 2 spsk frisk citronsaft
- 2 spsk pinjekerner
- havsalt og sort peber efter smag

Indikationer:

Bland citronsaft, cherrytomater, blomkål og persille og smag til. Drys med pinjekerner og bland godt inden servering.

Næringsværdi (pr. 100 g): 64 kalorier 3,3 g fedt 7,9 g kulhydrater 2,8 g protein 614 mg natrium

Pilaf med flødeost

Forberedelsestid: 20 minutter

Tid til at lave mad: 10 minutter

Portioner: 6

Sværhedsgrad: medium

Ingredienser:

- 2 kopper gul langkornet ris, stegt
- 1 kop løg
- 4 grønne løg
- 3 spiseskefulde smør
- 3 spiseskefulde grøntsagsbouillon
- 2 teskefulde cayennepeber
- 1 tsk paprika
- ½ teskefuld hakket nelliker
- 2 spsk mynteblade, friske og hakkede
- 1 bundt friske mynteblade til pynt
- 1 spsk olivenolie
- havsalt og sort peber efter smag
- <u>Flødeost:</u>
- 3 spiseskefulde olivenolie
- havsalt og sort peber efter smag
- 9 ounces flødeost

Indikationer:

Forvarm ovnen til 360 grader, og fjern derefter bakken. Varm smør og olivenolie op og svits løg og forårsløg i to minutter.

Tilsæt salt, peber, paprika, nelliker, grøntsagsfond, ris og resten af krydderierne. Brun i tre minutter. Pak med folie og kog i endnu en halv time. Lad det køle af.

Bland flødeost, ost, olivenolie, salt og peber. Server pilafen pyntet med friske mynteblade.

Næringsværdi (pr. 100 g): 364 kalorier 30 g fedt 20 g kulhydrater 5 g protein 511 mg natrium

Ristet aubergine salat

Forberedelsestid: 10 minutter

Tid til at lave mad: 20 minutter

Portioner: 6

Sværhedsgrad: let

Ingredienser:

- 1 rødløg, skåret i skiver
- 2 spsk persille, frisk og hakket
- 1 tsk timian
- 2 kopper cherrytomater, skåret i halve
- havsalt og sort peber efter smag
- 1 tsk oregano
- 3 spiseskefulde olivenolie
- 1 tsk basilikum
- 3 auberginer, skrællet og skåret i tern

Indikationer:

Start med at forvarme ovnen til 350. Smag auberginen til med basilikum, salt, peber, oregano, timian og olivenolie. Læg det på en plade og bag i en halv time. Inden servering hældes de resterende ingredienser over.

Næringsværdi (pr. 100 g): 148 kalorier 7,7 g fedt 20,5 g kulhydrater 3,5 g protein 660 mg natrium

Ristede grøntsager

Forberedelsestid: 5 minutter

Tid til at lave mad: 15 minutter

Portioner: 12

Sværhedsgrad: let

Ingredienser:

- 6 fed hvidløg
- 6 spiseskefulde olivenolie
- 1 fennikel i tern
- 1 zucchini i tern
- 2 røde peberfrugter i tern
- 6 kartofler, store og i tern
- 2 teskefulde havsalt
- ½ kop balsamicoeddike
- ¼ kop rosmarin, hakket og frisk
- 2 teskefulde grøntsagssuppepulver

Indikationer:

Start med at forvarme ovnen til 400. Læg kartofler, fennikel, zucchini, hvidløg og fennikel på en bageplade, og dryp med olivenolie. Drys med salt, suppepulver og rosmarin. Bland godt og bag derefter ved 450 grader i tredive til fyrre minutter. Inden servering blandes eddiken med grøntsagerne.

Næringsværdi (pr. 100 g): 675 kalorier 21 g fedt 112 g kulhydrater 13 g protein 718 mg natrium

Pistacie rucola salat

Forberedelsestid: 20 minutter
Tid til at lave mad: 0 minutter
Portioner: 6
Sværhedsgrad: let

Ingredienser:

- 6 kopper hakket grønkål
- ¼ kop olivenolie
- 2 spsk frisk citronsaft
- ½ tsk røget paprika
- 2 kopper rucola
- 1/3 kop pistacienødder, usaltede og afskallede
- 6 skeer revet parmesanost

Indikationer:

Tag en salatskål og bland olie, citron, røget paprika og kål. Masser forsigtigt bladene i et halvt minut. Din kål skal være godt belagt. Når du er klar til servering, røres rucola og pistacienødder forsigtigt i.

Næringsværdi (pr. 100 g): 150 kalorier 12 g fedt 8 g kulhydrater 5 g protein 637 mg natrium

Bygrisotto med parmesanost

Forberedelsestid: 10 minutter

Tid til at lave mad: 20 minutter

Portioner: 6

Sværhedsgrad: hårdt

Ingredienser:

- 1 kop gult løg, hakket
- 1 spsk olivenolie
- 4 kopper grøntsagsbouillon med lavt natriumindhold
- 2 kopper rå perlebyg
- ½ glas tør hvidvin
- 1 kop parmesanost, revet fint og delt
- havsalt og sort peber efter smag
- frisk purløg, hakket til servering
- citronskiver til servering

Indikationer:

Kom suppen i gryden og bring det i kog ved middel varme. Tag en gryde og sæt den på medium varme. Varm olien op inden du tilsætter løget. Kog i otte minutter og rør af og til. Tilsæt byggen og kog i yderligere to minutter. Tilsæt byg, kog indtil det er ristet.

Tilsæt vin, kog i endnu et minut. Det meste af væsken skulle være fordampet, før du tilføjer en kop varm suppe. Kog og rør i to minutter. Din væske skal absorberes. Tilsæt den resterende bouillon fra koppen og kog indtil en kop er absorberet. Det bør tage omkring to minutter hver gang.

Fjern fra varmen, tilsæt en halv kop ost og pynt med den resterende ost, purløg og citronbåde.

Næringsværdi (pr. 100 g):345 kalorier 7 g fedt 56 g kulhydrater 14 g protein 912 mg natrium

Skaldyr og avocado salat

Forberedelsestid: 10 minutter

Tid til at lave mad: 0 minutter

Portioner: 4

Sværhedsgrad: let

Ingredienser:

- 2 pund laks, kogt og hakket
- 2 pund rejer, kogte og hakkede
- 1 kop avocado, hakket
- 1 kop mayonnaise
- 4 spsk frisk limesaft
- 2 fed hvidløg
- 1 kop creme fraiche
- havsalt og sort peber efter smag
- ½ rødløg, hakket
- 1 kop hakket agurk

Indikationer:

Start med at tage en skål frem og bland hvidløg, salt, peber, løg, mayonnaise, creme fraiche og limesaft,

Tag en anden skål og bland laks, rejer, agurker og avocado.

Tilsæt mayonnaiseblandingen til rejerne og lad den stå i køleskabet i tyve minutter før servering.

Næringsværdi (pr. 100 g): 394 kalorier 30 g fedt 3 g kulhydrater 27 g protein 815 mg natrium

Middelhavs rejesalat

Forberedelsestid: 40 minutter

Tid til at lave mad: 0 minutter

Portioner: 6

Sværhedsgrad: let

Ingredienser:

- 1 ½ lbs. rejer, renset og kogt
- 2 stænger selleri, frisk
- 1 løg
- 2 grønne løg
- 4 æg, kogt
- 3 kartofler, kogte
- 3 skeer mayonnaise
- havsalt og sort peber efter smag

Indikationer:

Start med at skære kartoflerne og hak sellerien. Skær æggene og krydr dem. Bland alt sammen. Læg rejerne oven på æggene og server med løg og spidskål.

Næringsværdi (pr. 100 g): 207 kalorier 6 g fedt 15 g kulhydrater 17 g protein 664 mg natrium

Kikærtepastasalat

Forberedelsestid: 10 minutter
Tid til at lave mad: 15 minutter
Portioner: 6
Sværhedsgrad: medium

Ingredienser:

- 2 spsk olivenolie
- 16 ounce pasta med hjul
- ½ kop tørrede oliven, hakket
- 2 spsk frisk og hakket oregano
- 2 spsk persille, frisk og hakket
- 1 bundt forårsløg, hakket
- ¼ kop rødvinseddike
- 15 ounce dåse kikærter, drænet og skyllet
- ½ kop revet parmesanost
- havsalt og sort peber efter smag

Indikationer:

Kog vandet op og kog pastaen al dente efter anvisningen på pakken. Dræn det og skyl med koldt vand.

Tag en pande og varm olivenolien op ved middel varme. Tilsæt skalotteløg, kikærter, persille, oregano og oliven. Reducer varmen og bag i yderligere tyve minutter. Lad denne blanding afkøle.

Krydr blandingen af kikærter med pasta og tilsæt revet ost, salt, peber og eddike. Lad afkøle i fire timer eller natten over før servering.

Næringsværdi (pr. 100 g): 424 kalorier 10 g fedt 69 g kulhydrater 16 g protein 714 mg natrium

middelhavsstegt

Forberedelsestid: 10 minutter

Tid til at lave mad: 30 minutter

Portioner: 4

Sværhedsgrad: medium

Ingredienser:

- 2 zucchini
- 1 løg
- ¼ teskefuld havsalt
- 2 fed hvidløg
- 3 tsk olivenolie, delt
- 1 pund kyllingebryst, udbenet
- 1 kop hurtigkogt byg
- 2 kopper vand
- ¼ teskefuld sort peber
- 1 tsk oregano
- ¼ tsk rød peberflager
- ½ tsk basilikum
- 2 datterini tomater
- ½ kop udstenede græske oliven
- 1 spsk frisk persille

Indikationer:

Start med at fjerne skindet fra kyllingen, og skær den derefter i mindre stykker. Hak hvidløg og persille, og hak derefter oliven, zucchini, tomater og løg. Tag en gryde og kog vand op. Rør byggen i og lad det koge langsomt i otte til ti minutter.

Sluk for varmen. Lad det stå i fem minutter. Tag en pande og tilsæt to teskefulde olivenolie. Når kyllingen er varm røres den rundt og tages af varmen. Svits løget i den resterende olie. Bland de øvrige ingredienser og kog i yderligere 3-5 minutter. Serveres varm.

Næringsværdi (pr. 100 g): 337 kalorier 8,6 g fedt 32,3 g kulhydrater 31,7 g protein 517 mg natrium

Balsamico agurkesalat

Forberedelsestid: 15 minutter

Tid til at lave mad: 0 minutter

Portioner: 4

Sværhedsgrad: let

Ingredienser:

- Skær 2/3 af en stor engelsk agurk i halve og skær i skiver
- Skær 2/3 af det mellemstore rødløgshoved i halve og skær i tynde skiver
- 5 1/2 spsk balsamicoeddike
- 1 1/3 kopper cherrytomater, skåret i halve
- 1/2 kop smuldret fedtfattig fetaost

Indikationer:

I en stor skål kombineres agurker, tomater og løg. Tilsæt vinaigrette; smide på foret. Stil i køleskabet, tildækket, indtil servering. Lige inden servering røres osten i. Server med en hulske.

Næringsværdi (pr. 100 g): 250 kalorier 12 g fedt 15 g kulhydrater 34 g protein 633 mg natrium

Oksekød kefta frikadeller med agurkesalat

Forberedelsestid: 10 minutter
Tid til at lave mad: 15 minutter
Portioner: 2
Sværhedsgrad: hårdt

Ingredienser:

- madlavningsspray
- 1/2 pund stødt mørbrad
- 2 spsk plus 2 spsk hakket frisk fladbladet persille, delt
- 1 1/2 tsk hakket frisk skrællet ingefær
- 1 tsk stødt koriander
- 2 spsk hakket frisk koriander
- 1/4 tsk salt
- 1/2 tsk stødt spidskommen
- 1/4 tsk stødt kanel
- 1 kop engelske agurker i tynde skiver
- 1 spsk riseddike
- 1/4 kop fedtfattig græsk yoghurt
- 1 og en halv teskefuld frisk citronsaft
- 1/4 tsk friskkværnet sort peber
- 1 focaccia (6 tommer), skåret i kvarte

Indikationer:

Varm en grillpande op ved middel varme. Beklæd panden med madlavningsspray. Kombiner oksekød, 1/4 kop persille, koriander og de næste 5 ingredienser i en mellemstor skål. Del blandingen i 4 lige store portioner, form hver til en 1/2-tommers tyk patty. Tilføj patties til panden; kog på begge sider, indtil den er færdig.

Kombiner agurk og eddike i medium skål; kaste godt. Kombiner fedtfattig yoghurt, resterende 2 spsk persille, juice og peber i en lille skål; blandes med et piskeris. Lav 1 patty og 1/2 kop af pickle-blandingen på hver af de 4 pander. Top hvert tilbud med omkring 2 spiseskefulde yoghurtkrydderi. Server hver med 2 skiver tærte.

Næringsværdi (pr. 100 g): 116 kalorier 5 g fedt 11 g kulhydrater 28 g protein 642 mg natrium

Kyllinge- og agurkesalat med persillepesto

Forberedelsestid: 15 minutter
Tid til at lave mad: Fem minutter
Portioner: 8
Sværhedsgrad: let

Ingredienser:

- 2 2/3 kopper pakket frisk persilleblade
- 1 1/3 dl frisk babyspinat
- 1 og en halv spsk ristede pinjekerner
- 1 og en halv spsk revet parmesanost
- 2 en halv spiseskefuld frisk citronsaft
- 1 tsk og 1/3 kosher salt
- 1/3 tsk sort peber
- 1 1/3 mellemstore fed hvidløg, knust
- 2/3 kop ekstra jomfru olivenolie
- 5 1/3 kopper hakket rotisserie kylling (fra 1 kylling)
- 2 2/3 kopper kogt afskallet edamame
- 1 1/2 1 (15 ounce) dåser usaltede kikærter, drænet og skyllet
- 1 1/3 kopper hakkede engelske agurker
- 5 1/3 kopper optøet rucola

Indikationer:

Bland persille, spinat, citronsaft, pinjekerner, ost, hvidløg, salt og peber i en multifunktionsskål; behandle ca. 1 minut. Mens processoren kører, tilsæt olie; proces indtil glat, ca. 1 minut.

Kom kylling, edamame, kikærter og agurk i en stor skål. Tilsæt pestoen; bland for at kombinere.

Placer 2/3 kop rucola i hver af 6 skåle; pynt hver med 1 kop kyllingesalatblanding. Server straks.

Næringsværdi (pr. 100 g): 116 kalorier 12 g fedt 3 g kulhydrater 9 g protein 663 mg natrium

Let rucola salat

Forberedelsestid: 15 minutter

Tid til at lave mad: 0 minutter

Portioner: 6

Sværhedsgrad: let

Ingredienser:

- 6 kopper unge rucolablade, vasket og tørret
- 1 1/2 dl cherrytomater, skåret i halve
- 6 spiseskefulde pinjekerner
- 3 spiseskefulde vindruekerneolie eller olivenolie
- 1 og en halv spiseskefuld riseddike
- 3/8 tsk friskkværnet sort peber efter smag
- 6 skeer revet parmesanost
- 3/4 tsk salt efter smag
- 1 1/2 store avocadoer – skrællet, udstenet og skåret i skiver

Indikationer:

I en stor plastikskål med låg blandes rucola, cherrytomater, pinjekerner, olie, eddike og parmesanost. Smag til med salt og peber efter smag. Dæk til og pres for at blande.

Skil salaten på porcelæn og pynt med avocadoskiver.

Næringsværdi (pr. 100 g): 120 kalorier 12 g fedt 14 g kulhydrater 25 g protein 736 mg natrium

Feta Garbanzo bønnesalat

Forberedelsestid: 10 minutter

Tid til at lave mad: 0 minutter

Portioner: 6

Sværhedsgrad: let

Ingredienser:

- 1 1/2 dåse (15 ounce) kikærter
- 1 1/2 dåser (2-1/4 ounce) skåret modne oliven, drænet
- 1 1/2 mellemstore tomater
- 6 skeer finthakket rødløg
- 2 1/4 kopper 1-1/2 groft hakkede britiske agurker
- 6 spsk hakket frisk persille
- 4 1/2 spsk olivenolie
- 3/8 tsk salt
- 1 og en halv spiseskefuld citronsaft
- 3/16 teskefulde peber
- 7 1/2 dl blandet salat
- 3/4 kop smuldret feta

Indikationer:

Overfør alle ingredienser til en stor skål; bland for at kombinere. Tilsæt parmesanost.

Næringsværdi (pr. 100 g): 140 kalorier 16 g fedt 10 g kulhydrater 24 g protein 817 mg natrium

Græske skåle med brune og vilde ris

Forberedelsestid: 15 minutter

Tid til at lave mad: Fem minutter

Portioner: 4

Sværhedsgrad: let

Ingredienser:

- 2 pakker (8-1/2 oz.) klar til servering blandet brune og vilde ris
- 1 mellemmoden avocado, skrællet og skåret i skiver
- 1 1/2 dl cherrytomater, skåret i halve
- 1/2 kop græsk vinaigrette, delt
- 1/2 kop smuldret fetaost
- 1/2 kop græske oliven uden sten, skåret i skiver
- hakket frisk persille, hvis det ønskes

Indikationer:

Kombiner kornblandingen og 2 spiseskefulde af vinaigretten i en skål, der tåler mikrobølgeovn. Dæk til og kog over høj varme, indtil det er opvarmet, cirka 2 minutter. Fordel i 2 skåle. Fantastisk med avocado, tomatgrøntsager, ost, oliven, restdressing og persille hvis det ønskes.

Næringsværdi (pr. 100 g): 116 kalorier 10 g fedt 9 g kulhydrater 26 g protein 607 mg natrium

græsk salat

Forberedelsestid: 10 minutter

Tid til at lave mad: 0 minutter

Portioner: 4

Sværhedsgrad: let

Ingredienser:

- 2 en halv spsk grofthakket frisk persille
- 2 spsk grofthakket frisk dild
- 2 teskefulde frisk citronsaft
- 2/3 tsk tørret oregano
- 2 teskefulde ekstra jomfru olivenolie
- 4 kopper revet salat
- 2/3 kop tyndt skåret rødløg
- 1/2 kop smuldret fetaost
- 2 kopper hakkede tomater
- 2 teskefulde kapers
- 2/3 agurk, skrællet, delt i kvarte på langs og skåret i tynde skiver
- 2/3 (19 ounce) dåse kikærter, drænet og skyllet
- 4 (6-tommer) fuldhvede bagels, skåret i 8 skiver hver

Indikationer:

Bland de første 5 ingredienser i en stor skål; blandes med et piskeris. Tilføj et medlem af salatfamilien og de næste 6 ingredienser (salat gennem kikærter); kaste godt. Server med skiver af tærte.

Næringsværdi (pr. 100 g): 103 kalorier 12 g fedt 8 g kulhydrater 36 g protein 813 mg natrium

Skrubbesalat med citron og fennikel

Forberedelsestid: 15 minutter

Tid til at lave mad: Fem minutter

Portioner: 2

Sværhedsgrad: medium

Ingredienser:

- 1/2 tsk stødt koriander
- 1/4 tsk salt
- 1/8 tsk friskkværnet sort peber
- 2 1/2 tsk ekstra jomfru olivenolie, delt
- 1/4 tsk stødt spidskommen
- 1 fed hvidløg, hakket
- 2 (6 ounce) skrubberfileter
- 1 kop fennikel
- 2 spiseskefulde lodret skåret rødløg
- 1 spsk frisk citronsaft
- 1 og en halv teskefuld hakket persille
- 1/2 tsk friske timianblade

Indikationer:

Bland de første 4 ingredienser i en underkop. Kombiner 1/2 tsk krydderiblanding, 2 tsk olie og hvidløg i en lille skål; Gnid hvidløgsblandingen jævnt over fisken. Opvarm 1 tsk olie i en stor nonstick-gryde over medium-høj varme. Tilføj fisk til panden; kog i 5 minutter på hver side eller indtil den er færdig.

Kombiner de resterende 3/4 tsk krydderiblanding, de resterende 2 tsk olie, fennikelløg og de resterende ingredienser i en medium skål, og vend godt til belægning. Forbered en skaldyrssalat.

Næringsværdi (pr. 100 g): 110 kalorier 9 g fedt 11 g kulhydrater 29 g protein 558 mg natrium

Græsk grøntsags kyllingesalat

Forberedelsestid: 10 minutter

Tid til at lave mad: 10 minutter

Portioner: 2

Sværhedsgrad: medium

Ingredienser:

- 1/2 tsk tørret oregano
- 1/4 tsk hvidløgspulver
- 3/8 tsk sort peber, delt
- madlavningsspray
- 1/2 pund udbenet, skindfrit kyllingebryst, skåret i 1-tommers terninger
- 1/4 tsk salt, delt
- 1/2 kop fedtfattig, fedtfattig yoghurt
- 1 tsk tahini (sesamfrøpasta)
- 2 1/2 tsk frisk citronsaft
- 1/2 tsk hakket hvidløg i en flaske
- 4 kopper hakket salat
- 1/2 kop skrællede og hakkede engelske agurker
- 1/2 kop cherrytomater, skåret i halve
- 3 kalamata udstenede oliven, halveret
- 2 spsk (1 ounce) smuldret fetaost

Indikationer:

Bland oregano, naturligt hvidløgspulver, 1/2 tsk peber og 1/4 tsk salt i en skål. Varm en slip-let pande op over medium-høj varme. Overtræk panden med madlavningsspray. Tilføj kombinationen af fjerkræ og krydderier; simre indtil fjerkræet er klar. Smag til med 1 tsk juice; ryste. Fjern fra beholderen.

Kombiner de resterende 2 tsk juice, 1/4 tsk resterende natrium, 1/4 tsk resterende peber, yoghurt, tahin og hvidløg i en lille skål; bland godt. Bland et medlem af salatfamilien, agurker, tomater og oliven. Placer 2 1/2 kopper salatblanding på hver af 4 tallerkener. Top hver servering med 1/2 kop kylling og 1 tsk osteblanding. Smag hver portion til med 3 spsk af yoghurtblandingen

Næringsværdi (pr. 100 g): 116 kalorier 11 g fedt 15 g kulhydrater 28 g protein 634 mg natrium

Græsk couscous salat

Forberedelsestid: 10 minutter
Tid til at lave mad: 15 minutter
Portioner: 10
Sværhedsgrad: let

Ingredienser:

- 1 dåse (14-1/2 ounce) kyllingebouillon med reduceret natriumindhold
- 1 1/2 kopper 1-3/4 rå hel couscous (ca. 11 ounces)
- <u>Krydderi:</u>
- 6 1/2 spsk olivenolie
- 1 1/4 tsk 1-1/2 revet citronskal
- 3 1/2 spsk citronsaft
- 13/16 teskefulde adobo-krydderi
- 3/16 teskefulde salt
- <u>Salat:</u>
- 1 2/3 kopper cherrytomater, skåret i halve
- 5/6 engelsk agurk, halveret på langs og skåret i skiver
- 3/4 kop grofthakket frisk persille
- 1 dåse (6-1/2 ounce) skåret modne oliven, drænet
- 6 1/2 spsk smuldret fetaost
- 3 1/3 grønne løg, hakket

Indikationer:

Bring suppen i kog i en stor nok gryde. Tilsæt couscousen. Fjern fra varmen; lad stå, tildækket, indtil suppen er absorberet, cirka 5 minutter. Overfør til en stor nok beholder; afkøles helt.

Bland krydderierne. Tilsæt agurk, tomatgrøntsager, persille, oliven og forårsløg til couscousen; blandes i dressingen. Bland forsigtigt osten i. Opbevares straks eller på køl og serveres afkølet.

Næringsværdi (pr. 100 g): 114 kalorier 13 g fedt 18 g kulhydrater 27 g protein 811 mg natrium

Denver stegt omelet

Forberedelsestid: 10 minutter
Tid til at lave mad: 30 minutter
Portioner: 4
Sværhedsgrad: medium

Ingredienser:

- 2 spsk smør
- 1/2 løg, hakket kød
- 1/2 grøn peber, hakket
- 1 kop hakket kogt skinke
- 8 æg
- 1/4 kop mælk
- 1/2 kop revet cheddarost og kværnet sort peber efter smag

Indikationer:

Forvarm ovnen til 200 grader. Smør en 10-tommer rund bradepande.

Smelt smør over medium varme; kog og rør løg og peber, indtil det er blødt, cirka 5 minutter. Tilsæt skinken og fortsæt med at koge, indtil den er gennemvarmet, 5 minutter.

Pisk æg og mælk i en stor skål. Rør blandingen af cheddarost og skinke i; Smag til med salt og sort peber. Hæld blandingen i en ovnfast fad. Bag i ovnen i cirka 25 minutter. Serveres varm.

Næringsværdi (pr. 100 g): 345 kalorier 26,8 g fedt 3,6 g kulhydrater 22,4 g protein 712 mg natrium

Pølse pande

Forberedelsestid: 25 minutter

Tid til at lave mad: 60 minutter

Portioner: 12

Sværhedsgrad: medium

Ingredienser:

- 1 pund salvie morgenmadspølse,
- Dræn og afdryp 3 kopper revne kartofler
- 1/4 kop smeltet smør,
- 12 oz blød revet cheddarost
- 1/2 kop løg, revet
- 1 (16 oz) lille beholder med hytteost
- 6 kæmpe æg

Indikationer:

Forvarm ovnen til 190 °C. Smør let en 9 x 13 tommer firkantet bradepande.

Læg pølsen i en stor gryde. Kog ved medium varme indtil glat. Dræn, smuldr og stil til side.

Bland de revne kartofler og smør i den forberedte beholder. Dæk bunden og siderne af gryden med blandingen. Bland pølse, cheddarost, løg, ricotta og æg i en skål. Hæld kartoffelblandingen over. Lad ham lave mad.

Lad afkøle i 5 minutter før servering.

Næringsværdi (pr. 100 g): 355 kalorier 26,3 g fedt 7,9 g kulhydrater 21,6 g protein 755 mg natrium.

Grillede marinerede rejer

Forberedelsestid: 30 minutter

Tid til at lave mad: 60 minutter

Portioner: 6

Sværhedsgrad: let

Ingredienser:

- 1 kop olivenolie,
- 1/4 kop hakket frisk persille
- 1 citron, presset
- 3 fed hvidløg, finthakket
- 1 spsk tomatpuré
- 2 teskefulde tørret oregano,
- 1 tsk salt
- 2 spsk chilisauce
- 1 tsk malet sort peber,
- 2 pund rejer, pillede og haler fjernet

Indikationer:

Bland olivenolie, persille, citronsaft, varm sauce, hvidløg, tomatpuré, oregano, salt og sort peber i en skål. Reservér et lille beløb til stringing senere. Fyld en stor genlukkelig plastikpose med marinade og rejer. Luk og lad det afkøle i 2 timer.

Varm grillen op på medium varme. Træk rejerne på spyddene, og slå én gang på halen og én gang på hovedet. Kassér marinaden.

Smør grillen let. Kog rejer i 5 minutter på hver side eller indtil de er gennemsigtige, og dryp ofte med reserveret marinade.

Næringsværdi (pr. 100 g): 447 kalorier 37,5 g fedt 3,7 g kulhydrater 25,3 g protein 800 mg natrium

Pølse og æggegryde

Forberedelsestid: 20 minutter

Tid til at lave mad: 1 time og 10 minutter

Portioner: 12

Sværhedsgrad: medium

Ingredienser:

- 3/4 pund finthakket svinepølse
- 1 spiseskefuld smør
- 4 løg, hakket kød
- 1/2 pund friske svampe
- 10 sammenpisket æg
- 1 beholder (16 gram) fedtfattig hytteost
- 1 pund Monterey Jack ost, revet
- 2 dåser grøn peberfrugt i tern, afdryppet
- 1 kop mel, 1 tsk bagepulver
- 1/2 tsk salt
- 1/3 kop smeltet smør

Indikationer:

Læg pølsen i en slip-let gryde. Kog ved medium varme indtil glat. Dræn og sæt til side. Smelt smørret i en gryde, steg og bland forårsløg og svampe til de er bløde.

Kom æg, hytteost, Monterey Jack ost og peberfrugt i en stor skål. Rør pølser, forårsløg og svampe i. Dæk til og stil på køl natten over.

Forvarm ovnen til 175°C (350°F). Smør en lys 9 x 13-tommers bageplade.

Sigt mel, bagepulver og salt i en skål. Rør det smeltede smør i. Bland melblandingen i æggeblandingen. Hæld i den forberedte gryde. Kog indtil let brunet. Lad stå i 10 minutter før servering.

Næringsværdi (pr. 100 g): 408 kalorier 28,7 g fedt 12,4 g kulhydrater 25,2 g protein 1095 mg natrium

Bagt firkantet omelet

Forberedelsestid: 15 minutter

Tid til at lave mad: 30 minutter

Portioner: 8

Sværhedsgrad: let

Ingredienser:

- 1/4 kop smør
- 1 lille løg, hakket kød
- 1 1/2 dl revet cheddarost
- 1 æske champignon i skiver
- 1 dåse sorte oliven med kogt skinke (valgfrit)
- Skåret jalapenopeber (valgfrit)
- 12 æg, røræg
- 1/2 kop mælk
- Tilsæt salt og peber efter smag

Indikationer:

Forbered ovnen ved 205 °C. Smør en 9 x 13 tommer bradepande.

Varm smørret op på en pande ved middel varme og svits løget til det er færdigt.

Fordel cheddarosten på bunden af den forberedte pande. Læg et lag med svampe, oliven, stegte løg, skinke og jalapenopeber. Bland æg i en skål med mælk, salt og peber. Hæld æggeblandingen over ingredienserne, men bland ikke.

Bages i en utildækket og forvarmet ovn, indtil væsken holder op med at flyde i midten og brunes på toppen. Lad det køle lidt af, skær derefter i firkanter og server.

Næringsværdi (pr. 100 g): 344 kalorier 27,3 g fedt 7,2 g kulhydrater 17,9 g protein 1087 mg natrium

Kogt æg

Forberedelsestid: 5 minutter

Tid til at lave mad: 15 minutter

Portioner: 8

Sværhedsgrad: let

Ingredienser:

- 1 spiseskefuld salt
- 1/4 kop destilleret hvid eddike
- 6 kopper vand
- 8 æg

Indikationer:

Kom salt, eddike og vand i en stor gryde og bring det i kog ved høj varme. Tilsæt æggene et ad gangen, pas på ikke at flække dem. Reducer varmen og kog i 14 minutter.

Fjern æggene fra det varme vand og læg dem i en skål fyldt med is eller koldt vand. Afkøl helt, cirka 15 minutter.

Næringsværdi (pr. 100 g): 72 kalorier 5 g fedt 0,4 g kulhydrater 6,3 g protein 947 mg natrium

Svampe med sojasovs glasur

Forberedelsestid: 5 minutter

Tid til at lave mad: 10 minutter

Portioner: 2

Sværhedsgrad: medium

Ingredienser:

- 2 spsk smør
- 1 8-ounce pakke skåret hvide svampe
- 2 fed hvidløg, hakket
- 2 teskefulde sojasovs
- kværnet sort peber efter smag

Indikationer:

Kog smørret i en nonstick-gryde over medium varme; omfatter svampe; kog og rør, indtil svampene er bløde og slapper af, cirka 5 minutter. Tilsæt hvidløg; fortsæt med at koge og rør i 1 minut.

Hæld sojasovsen i; kog svampe i sojasovs, indtil væsken fordamper, cirka 4 minutter.

Næringsværdi (pr. 100 g):135 kalorier 11,9 g fedt 5,4 g kulhydrater

Æg peber

Forberedelsestid: 10 minutter

Tid til at lave mad: 20 minutter

Portioner: 2

Sværhedsgrad: medium

Ingredienser:

- 1 kop æggeerstatning
- 1 æg
- 3 løg, hakket kød
- 8 skiver skåret peberfrugt
- 1/2 tsk hvidløgspulver
- 1 tsk smeltet smør
- 1/4 kop revet Romano ost
- salt og kværnet sort peber efter smag

Indikationer:

Bland æggeerstatning, æg, spidskål, peberfrugtskiver og hvidløgspulver i en skål.

Kog smørret i en slip-let pande ved lav varme; Tilsæt æggeblandingen, luk beholderen og kog i 10-15 minutter. Drys med Romano-æg og krydr med salt og peber.

Næringsværdi (pr. 100 g): 266 kalorier 16,2 g fedt 3,7 g kulhydrater 25,3 g protein 586 mg natrium

Æggekager

Forberedelsestid: 15 minutter

Tid til at lave mad: 20 minutter

Portioner: 6

Sværhedsgrad: medium

Ingredienser:

- 1 pakke bacon (12 ounce)
- 6 æg
- 2 spsk mælk
- 1/4 tsk salt
- 1/4 tsk stødt sort peber
- 1 c. Smeltet smør
- 1/4 tsk tørret persille
- 1/2 kop skinke
- 1/4 kop mozzarella
- 6 skiver gouda

Indikationer:

Forbered ovnen ved 175°C. Steg baconen ved middel varme, indtil den begynder at brune. Tør baconskiverne med køkkenpapir.

Arranger baconskiverne i en 6-koppers non-stick muffinform. Skær det resterende bacon i skiver og læg det i bunden af hver kop.

Bland æg, mælk, smør, persille, salt og peber. Tilsæt skinke og mozzarella.

Fyld skåle med æggeblanding; pynt med gouda ost.

Bages i en forvarmet ovn, indtil Gouda-osten smelter og æggene er bløde, cirka 15 minutter.

Næringsværdi (pr. 100 g): 310 kalorier 22,9 g fedt 2,1 g kulhydrater 23,1 g protein 988 mg natrium.

Dinosaur æg

Forberedelsestid: 20 minutter

Tid til at lave mad: 15 minutter

Portioner: 4

Sværhedsgrad: hårdt

Ingredienser:

- Sennepssauce:
- 1/4 kop grov sennep
- 1/4 kop græsk yoghurt
- 1 tsk hvidløgspulver
- 1 knivspids cayennepeber
- Æg:
- 2 sammenpisket æg
- 2 kopper kartoffelmos
- 4 hårdkogte æg, pillede
- 1 dåse (15 oz) HORMEL® Mary Kitchen® finthakket oksekød
- 2 liter vegetabilsk olie til stegning

Indikationer:

Bland gammeldags sennep, græsk yoghurt, hvidløgspulver og cayennepeber i en lille skål, indtil det er glat.

Overfør 2 sammenpiskede æg til et lavt fad; læg kartoffelflagerne i en separat lav skål.

Del det hakkede kød i 4 dele. Form corned beef omkring hvert æg, indtil det er helt pakket ind.

Dyp de indpakkede æg i det sammenpiskede æg og beklæd dem med kartoffelmos, indtil de er dækket.

Hæld olien i en stor gryde og opvarm den til 190°C (375°F).

Kom 2 æg i varm olie og steg i 3-5 minutter til de er gyldenbrune. Tag dem ud med en ske og læg dem på en tallerken beklædt med køkkenpapir. Gentag med de resterende 2 æg.

Skær på langs og server med sennepssauce.

Næringsværdi (pr. 100 g): 784 kalorier 63,2 g fedt 34 g kulhydrater

Dild og tomat omelet

Forberedelsestid: 10 minutter

Tid til at lave mad: 35 minutter

Portioner: 6

Sværhedsgrad: medium

Ingredienser:

- Peber og salt efter smag
- 1 tsk røde peberflager
- 2 fed hvidløg, hakket
- ½ kop smuldret gedeost - valgfrit
- 2 spsk hakket frisk purløg
- 2 spsk frisk dild, hakket
- 4 tomater, i tern
- 8 æg, pisket
- 1 tsk kokosolie

Indikationer:

Smør en 9-tommer rund pande og forvarm ovnen til 325oF.

Bland alle ingredienserne godt i en stor skål og hæld dem i den forberedte gryde.

Sæt i ovnen og bag indtil halvt færdig, cirka 30-35 minutter.

Tag ud af ovnen og pynt med mere purløg og dild.

Næringsværdi (pr. 100 g): 149 kalorier 10,28 g fedt 9,93 g kulhydrater 13,26 g protein 523 mg natrium

Paleo Mandel Banan Pandekager

Forberedelsestid: 10 minutter

Tid til at lave mad: 10 minutter

Portioner: 3

Sværhedsgrad: medium

Ingredienser:

- ¼ kop mandelmel
- ½ tsk kanelpulver
- 3 æg
- 1 banan, moset
- 1 spsk mandelsmør
- 1 tsk vaniljeekstrakt
- 1 tsk olivenolie
- Banan i skiver til servering

Indikationer:

Pisk æggene i en skål, indtil de er skummende. Mos bananen med en gaffel i en anden skål og tilsæt den til æggeblandingen. Tilsæt vanilje, mandelsmør, kanel og mandelmel. Bland indtil du får en jævn blanding. Varm olivenolien op i en gryde. Tilsæt en skefuld dej og steg dem på begge sider.

Fortsæt med at udføre disse trin, indtil du er færdig med al dejen.

Læg lidt skåret banan ovenpå før servering.

Næringsværdi (pr. 100 g): 306 kalorier 26 g fedt 3,6 g kulhydrater 14,4 g protein 588 mg natrium

Æg zucchini

Forberedelsestid: 5 minutter

Tid til at lave mad: 10 minutter

Portioner: 2

Sværhedsgrad: let

Ingredienser:

- 1 og en halv spsk olivenolie
- 2 store zucchini, skåret i store stykker
- salt og kværnet sort peber efter smag
- 2 store æg
- 1 tsk vand eller efter ønske

Indikationer:

Varm olie i en nonstick stegepande over medium varme; Steg zucchini, til de er bløde, cirka 10 minutter. Krydr zucchinien godt.

Pisk æggene i en skål med en gaffel. Hæld vandet i og bland indtil det hele er godt blandet. Hæld æggene over zucchinien; kog og rør, indtil røræg løber ud, cirka 5 minutter. Krydr zucchini og æg godt.

Næringsværdi (pr. 100 g): 213 kalorier 15,7 g fedt 11,2 g kulhydrater 10,2 g protein 180 mg natrium

Amish ost morgenmad blanding

Forberedelsestid: 10 minutter

Tid til at lave mad: 50 minutter

Portioner: 12

Sværhedsgrad: let

Ingredienser:

- 1 pund bacon i tern
- 1 hoved sødt løg, hakket kød
- 4 kopper revet og frosne kartofler, optøet
- 9 let pisket æg
- 2 kopper revet cheddarost
- 1 1/2 dl hytteost
- 1 1/4 kopper revet schweizerost

Indikationer:

Forvarm ovnen til 175 grader C. Smør en 9 x 13 tommer bradepande.

Varm en stor stegepande op over medium-høj varme; Kog og rør bacon og løg, indtil baconen er en jævn gyldenbrun, cirka 10 minutter. Dræne. Bland kartofler, æg, cheddarost, hytteost og schweizerost. Hæld blandingen i den forberedte bageform.

Bag i ovnen til æggene er kogt og osten er smeltet, 45-50 minutter. Stil til side i 10 minutter før udskæring og servering.

Næringsværdi (pr. 100 g): 314 kalorier 22,8 g fedt 12,1 g kulhydrater 21,7 g protein 609 mg natrium

Mandelpandekager

Forberedelsestid: 15 minutter
Tid til at lave mad: 15 minutter
Portioner: 6
Sværhedsgrad: let

Ingredienser:

- 2 kopper mandelmælk, usødet og ved stuetemperatur
- 2 æg, store og ved stuetemperatur
- ½ kop kokosolie, smeltet + mere til smøring
- 2 teskefulde honning, rå
- ¼ teskefuld fint havsalt
- ½ tsk bagepulver
- 1½ dl fuldkornsmel
- ½ kop mandelmel
- 1 og en halv teskefuld bagepulver
- ¼ tsk stødt kanel

Indikationer:

Tag en stor skål og bland kokosolie, æg, mandelmælk og honning, bland indtil godt blandet.

Tag en mellemstor skål og sigt bagepulver, natron, mandelmel, havsalt, fuldkornshvedemel og kanel sammen. Bland godt.

Tilsæt din melblanding til mælkeblandingen og bland godt.

Tag en stor pande og beklæd den med kokosolie, før den stilles over medium varme. Tilsæt ½ kop pandekagedej.

Kog i tre minutter, eller indtil kanterne er faste. Bunden af pandekagen skal være gyldenbrun, og bobler skal bryde overfladen. Bag begge sider.

Rengør skålen og gentag indtil al dejen er brugt op. Sørg for at smøre panden igen og pynt med frisk frugt, hvis det ønskes.

Næringsværdi (pr. 100 g): 205 kalorier 16 g fedt 9 g kulhydrater 36 g protein 828 mg natrium

Quinoa frugtsalat

Forberedelsestid: 25 minutter
Tid til at lave mad: 0 minutter
Portioner: 4
Sværhedsgrad: let

Ingredienser:

- 2 skeer honning, rå
- 1 kop jordbær, friske og skåret i skiver
- 2 spsk frisk limesaft
- 1 tsk basilikum, frisk og hakket
- 1 kop kogt quinoa
- 1 mango, skrællet, udstenet og skåret i tern
- 1 kop friske brombær
- 1 fersken, udstenet og skåret i tern
- 2 kiwi, skrællet og delt i kvarte

Indikationer:

Start med at blande limesaft, basilikum og honning i en lille skål. I en anden skål blandes jordbær, quinoa, brombær, ferskner, kiwi og mango. Tilsæt honningblandingen og bland inden servering.

Næringsværdi (pr. 100 g): 159 kalorier 12 g fedt 9 g kulhydrater 29 g protein 829 mg natrium

Jordbær og rabarber smoothie

Forberedelsestid: 8 minutter

Tid til at lave mad: 0 minutter

Portioner: 1

Sværhedsgrad: let

Ingredienser:

- 1 kop jordbær, friske og skåret i skiver
- 1 stilk rabarber, hakket
- 2 skeer honning, rå
- 3 isterninger
- 1/8 tsk stødt kanel
- ½ kop almindelig græsk yoghurt

Indikationer:

Start med at tage en lille gryde ud og fyld den med vand. Bring det i kog ved høj varme, og tilsæt derefter rabarberne. Kog i tre minutter, før de drænes og overføres til en blender.

Tilføj yoghurt, honning, kanel og jordbær til din blender. Når det bliver glat, tilsæt is. Blend indtil det er klumpet og tykt. Nyd kulden.

Næringsværdi (pr. 100 g): 201 kalorier 11 g fedt 9 g kulhydrater 39 g protein 657 mg natrium

Havregrød

Forberedelsestid: 10 minutter

Tid til at lave mad: 20 minutter

Portioner: 4

Sværhedsgrad: let

Ingredienser:

- 1 kop hvedebær
- 1 kop byg
- 2 kopper mandelmælk, usødet + mere til servering
- ½ kop blåbær
- ½ kop granatæblekerner
- 2 kopper vand
- ½ kop hasselnødder, ristet og hakket
- ¼ kop honning, rå

Indikationer:

Tag en gryde, sæt den på medium varme, og tilsæt derefter mandelmælk, vand, byg og hvedebær. Bring det i kog, inden du skruer ned for varmen og lader det simre i femogtyve minutter. Rør ofte. Dine bønner skal blive bløde.

Top hver portion med blåbær, granatæblekerner, hasselnødder, en skefuld honning og lidt mandelmælk.

Næringsværdi (pr. 100 g): 150 kalorier 10 g fedt 9 g kulhydrater 29 g protein 546 mg natrium

Honningkager og græskar smoothie

Forberedelsestid: 15 minutter
Tid til at lave mad: 50 minutter
Portioner: 1

Sværhedsgrad: let

Ingredienser:

- 1 kop mandelmælk, usødet
- 2 tsk chiafrø
- 1 banan
- ½ kop græskarpuré på dåse
- ¼ teskefuld malet ingefær
- ¼ tsk stødt kanel
- 1/8 tsk stødt muskatnød

Indikationer:

Start med at tage en skål frem og bland tefrøene og mandelmælken. Lad dem trække i mindst en time eller natten over. Overfør dem til en blender.

Tilsæt de resterende ingredienser og bland derefter, indtil det er glat. Serveres koldt.

Næringsværdi (pr. 100 g): 250 kalorier 13 g fedt 7 g kulhydrater 26 g protein 621 mg natrium

Grøn juice

Forberedelsestid: 5 minutter
Tid til at lave mad: 0 minutter
Portioner: 1
Sværhedsgrad: let

Ingredienser:

- 3 kopper mørkegrønne bladgrøntsager
- 1 agurk
- ¼ kop frisk italiensk persille
- ¼ ananas, skåret i skiver
- ½ grønt æble
- ½ appelsin
- ½ citron
- Et nip friskrevet ingefær

Indikationer:

Purér grøntsagerne, agurken, persille, ananas, æble, appelsin, citron og ingefær med en juicer, hæld i et stort krus og server.

Næringsværdi (pr. 100 g): 200 kalorier 14 g fedt 6 g kulhydrater 27 g protein 541 mg natrium

Valnød og daddel smoothie

Forberedelsestid: 10 minutter

Tid til at lave mad: 0 minutter

Portioner: 2

Sværhedsgrad: let

Ingredienser:

- 4 udstenede dadler
- ½ kop mælk
- 2 kopper almindelig græsk yoghurt
- 1/2 kop valnødder
- ½ tsk kanel, stødt
- ½ tsk vaniljeekstrakt, ren
- 2-3 isterninger

Indikationer:

Blend indtil glat, og server derefter koldt.

Næringsværdi (pr. 100 g): 109 kalorier 11 g fedt 7 g kulhydrater 29 g protein 732 mg natrium

Frugt milkshake

Forberedelsestid: 5 minutter
Tid til at lave mad: 0 minutter
Portioner: 2
Sværhedsgrad: let

Ingredienser:

- 2 kopper blåbær
- 2 kopper usødet mandelmælk
- 1 kop knust is
- ½ tsk malet ingefær

Indikationer:

Kom blåbær, mandelmælk, is og ingefær i en blender. Blend indtil glat.

Næringsværdi (pr. 100 g): 115 kalorier 10 g fedt 5 g kulhydrater 27 g protein 912 mg natrium

Banan og chokolade smoothie

Forberedelsestid: 5 minutter

Tid til at lave mad: 0 minutter

Portioner: 2

Sværhedsgrad: let

Ingredienser:

- 2 flåede bananer
- 1 kop skummetmælk
- 1 kop knust is
- 3 spiseskefulde usødet kakaopulver
- 3 skeer honning

Indikationer:

Bland bananer, mandelmælk, is, kakaopulver og honning i en blender. Bland indtil du får en homogen blanding.

Næringsværdi (pr. 100 g): 150 kalorier 18 g fedt 6 g kulhydrater 30 g protein 821 mg natrium

Yoghurt med blåbær, honning og mynte

Forberedelsestid: 5 minutter
Tid til at lave mad: 0 minutter
Portioner: 2
Sværhedsgrad: let

Ingredienser:

- 2 kopper usødet fedtfattig græsk yoghurt
- 1 kop blåbær
- 3 skeer honning
- 2 spsk hakkede friske mynteblade

Indikationer:

Fordel yoghurten i 2 skåle. Top med blåbær, honning og mynte.

Næringsværdi (pr. 100 g):126 kalorier 12 g fedt 8 g kulhydrater 37 g protein 932 mg natrium

Parfait med bær og yoghurt

Forberedelsestid: 5 minutter

Tid til at lave mad: 0 minutter

Portioner: 2

Sværhedsgrad: let

Ingredienser:

- 1 kop hindbær
- 1½ kopper usødet fedtfattig græsk yoghurt
- 1 kop brombær
- ¼ kop hakkede valnødder

Indikationer:

Kom hindbær, yoghurt og brombær i 2 skåle. Drys med valnødder.

Næringsværdi (pr. 100 g): 119 kalorier 13 g fedt 7 g kulhydrater 28 g protein 732 mg natrium

Havregryn med bær og solsikkekerner

Forberedelsestid: 5 minutter

Tid til at lave mad: 10 minutter

Portioner: 4

Sværhedsgrad: let

Ingredienser:

- 1 kop vand
- ½ kop usødet mandelmælk
- en knivspids salt
- 1 kop gammeldags havre
- ½ kop blåbær
- ½ kop hindbær
- ¼ kop solsikkekerner

Indikationer:

Bring vand, mandelmælk og havsalt i kog i en medium gryde ved middelhøj varme.

Tænd for havren. Reducer varmen til medium-lav og fortsæt med at røre og koge i 5 minutter. Dæk til og lad havregrynene stå i yderligere 2 minutter. Rør rundt og server toppet med blåbær, hindbær og solsikkekerner.

Næringsværdi (pr. 100 g):106 kalorier 9 g fedt 8 g kulhydrater 29 g protein 823 mg natrium

Hurtig mandel- og ahornkorn

Forberedelsestid: 5 minutter

Tid til at lave mad: 10 minutter

Portioner: 4

Sværhedsgrad: let

Ingredienser:

- 1½ dl vand
- ½ kop usødet mandelmælk
- en knivspids salt
- ½ kop hurtigkogt semulje
- ½ tsk kanelpulver
- ¼ kop ren ahornsirup
- ¼ kop mandler i flager

Indikationer:

Kom vand, mandelmælk og havsalt i en mellemstor gryde over medium-høj varme og bring det i kog.

Rør konstant med en træske, tilsæt langsomt korn. Bliv ved med at røre, så der ikke dannes klumper, og lad blandingen koge. Reducer varmen til medium-lav. Kog i et par minutter under jævnlig omrøring, indtil det helt absorberer vandet. Rør kanel, sirup og mandler i. Kog i yderligere 1 minut under omrøring.

Næringsværdi (pr. 100 g): 126 kalorier 10 g fedt 7 g kulhydrater 28 g protein 851 mg natrium

Bananhavre

Forberedelsestid: 10 minutter

Tid til at lave mad: 10 minutter

Portioner: 2

Sværhedsgrad: let

Ingredienser:

- 1 banan, skrællet og skåret i skiver
- ¾ c. mandelmælk
- ½ c. koldbrygget kaffe
- 2 udstenede dadler
- 2 skeer. kakaopulver
- 1 c. havregryn
- 1 og en halv spsk. Chia frø

Indikationer:

Tilsæt alle ingredienserne med en røremaskine. Kog godt i 5 minutter og server.

Næringsværdi (pr. 100 g): 288 kalorier 4,4 g fedt 10 g kulhydrater 5,9 g protein 733 mg natrium

En morgenmadssandwich

Forberedelsestid: 5 minutter

Tid til at lave mad: 20 minutter

Portioner: 4

Sværhedsgrad: let

Ingredienser:

- 4 flerkorns sandwich
- 4 teskefulde olivenolie
- 4 æg
- 1 stor ske. rosmarin, frisk
- 2 c. unge spinatblade, friske
- 1 tomat, skåret i skiver
- 1 stor ske. Feta ost
- En knivspids kosher salt
- Kværnet sort peber

Indikationer:

Forvarm ovnen til 375 F / 190 C. Pensl siderne af tyndene med 2 tsk. olivenolie og læg dem i en bageplade. Bag og rist i 5 minutter, eller indtil kanterne er let brunede.

Tilsæt resten af olivenolien og rosmarin til gryden til opvarmning ved høj varme. Knæk og et efter et de hele æg ned i gryden. Blommen skal stadig være flydende, men æggehviderne skal sættes.

Knæk æggeblommerne med en spatel. Vend ægget og steg på den anden side, indtil det er gennemstegt. Tag æggene af varmen. Arranger de ristede sandwichskiver på 4 separate tallerkener. Den guddommelige spinat blandt de subtile.

Dæk hvert tyndt lag med to skiver tomat, et kogt æg og 1 spsk. Feta ost. Drys let med salt og peber efter smag. Arranger de resterende tynde sandwich-halvdele ovenpå, og de er klar til servering.

Næringsværdi (pr. 100 g): 241 kalorier 12,2 g fedt 60,2 g kulhydrater 21 g protein 855 mg natrium

Morgen couscous

Forberedelsestid: 10 minutter

Tid til at lave mad: 8 minutter

Portioner: 4

Sværhedsgrad: medium

Ingredienser:

- 3 c. skummetmælk
- 1 c. hel couscous, rå
- 1 kanelstang
- ½ hakkede abrikoser, tørrede
- ¼ c. ribs, tørret
- 6 teskefulde brun farin
- ¼ tsk salt
- 4 teskefulde smeltet smør

Indikationer:

Tag en stor gryde og bland mælk og kanelstang og varm det op ved middel varme. Varm op i 3 minutter, eller indtil der dannes mikrobobler rundt om grydens kanter. Må ikke lave mad. Tag af varmen, rør couscous, abrikoser, ribs, salt og 4 tsk. Brunt sukker. Dæk blandingen til og lad den hvile i 15 minutter. Fjern og kassér kanelstangen. Fordel couscousen i 4 skåle og top hver med 1 tsk. smeltet smør og ½ tsk. Brunt sukker. Klar til servering.

Næringsværdi (pr. 100 g): 306 kalorier 6 g fedt 5 g kulhydrater 9 g protein 944 mg natrium

Avocado og æble smoothie

Forberedelsestid: 5 minutter

Tid til at lave mad: 0 minutter

Portioner: 2

Sværhedsgrad: let

Ingredienser:

- 3 c. spinat
- 1 grønt æble uden kerne, hakket
- 1 avocado, udstenet, skrællet og hakket
- 3 skeer. Chia frø
- 1 tsk. honning
- 1 frossen banan, skrællet
- 2 c. kokosmælk

Indikationer:

Brug en blender til at tilsætte alle ingredienserne. Ælt godt i 5 minutter for at få en blød konsistens og server i glas.

Næringsværdi (pr. 100 g): 208 kalorier 10,1 g fedt 6 g kulhydrater 7 g protein 924 mg natrium

Mini omelet

Forberedelsestid: 10 minutter
Tid til at lave mad: 20 minutter
Portioner: 8
Sværhedsgrad: let

Ingredienser:

- 1 gult løg hakket
- 1 c. Revet parmesanost
- 1 hakket gul peber
- 1 hakket rød peberfrugt
- 1 hakket zucchini
- Salt og sort peber
- Lidt olivenolie
- 8 sammenpisket æg
- 2 skeer. hakket purløg

Indikationer:

Stil gryden på medium varme. Tilsæt olie til varme. Bland alle ingredienser undtagen purløg og æg. Brun i cirka 5 minutter.

Læg æggene på muffinformen og pynt med purløg. Forvarm ovnen til 350 F / 176 C. Sæt muffinformen i ovnen for at bage i ca. 10 minutter. Anret æggene på en tallerken med stuvede grøntsager.

Næringsværdi (pr. 100 g): 55 kalorier 3 g fedt 0,7 g kulhydrater 9 g protein 844 mg natrium

Tørret tomat havregryn

Forberedelsestid: 10 minutter
Tid til at lave mad: 25 minutter
Portioner: 4
Sværhedsgrad: let

Ingredienser:

- 3 c. vand
- 1 c. mandelmælk
- 1 stor ske. olivenolie
- 1 c. stålskåret havre
- ¼ c. hakkede soltørrede tomater
- En knivspids rød peberblade

Indikationer:

Brug en pande, tilsæt vand og mælk for at blande. Sæt på medium varme og lad det koge. Forbered en anden pande over medium varme. Varm olien op og tilsæt havregryn for at koge i 2 minutter. Overfør til den første gryde plus tomaterne og bland. Lad det koge blidt i cirka 20 minutter. Læg i serveringsskåle og pynt med chili. At nyde.

Næringsværdi (pr. 100 g): 170 kalorier 17,8 g fedt 1,5 g kulhydrater 10 g protein 645 mg natrium

Æg og avocado

Forberedelsestid: 5 minutter
Tid til at lave mad: 15 minutter
Portioner: 6
Sværhedsgrad: let

Ingredienser:

- 1 tsk. hvidløgs pulver
- ½ tsk havsalt
- ¼ c. revet parmesanost
- ¼ tsk sort peber
- 3 udstenede avocadoer, skåret i halve
- 6 æg

Indikationer:

Forbered muffinsforme og forvarm ovnen til 350 F / 176 C. Del avocadoerne. For at sikre, at ægget passer ind i avocadohulen, skal du forsigtigt skrabe 1/3 af kødet af.

Læg avocadoen på muffinformen med opad. Krydr hver avocado jævnt med peber, salt og hvidløgspulver. Tilføj et æg til hvert avocadohulrum og pynt toppen med ost. Sæt den i ovnen, indtil æggehviden stivner, ca. 15 minutter. Server og nyd.

Næringsværdi (pr. 100 g): 252 kalorier 20 g fedt 2 g kulhydrater 5 g protein 946 mg natrium

Tomat og basilikumsuppe

Forberedelsestid: 10 minutter
Tid til at lave mad: 25 minutter
Portioner: 2
Sværhedsgrad: medium

Ingredienser:

- 2 skeer. Grøntsagssuppe
- 1 hakket fed hvidløg
- ½ c. hvidløg
- 1 selleri stilk, hakket
- 1 hakket gulerod
- 3 c. tomater, hakkede
- Salt og peber
- 2 laurbærblade
- 1½ c. usødet mandelmælk
- 1/3 c. basilikum blade

Indikationer:

Bring grøntsagsfonden i kog i en stor gryde ved middel varme. Tilsæt hvidløg og løg og steg i 4 minutter. Tilsæt gulerødder og selleri. Kog i yderligere 1 minut.

Kom tomaterne og kog op. Kog i 15 minutter. Tilsæt mandelmælk, basilikum og laurbærblad. Smag til og server.

Næringsværdi (pr. 100 g): 213 kalorier 3,9 g fedt 9 g kulhydrater 11 g protein 817 mg natrium

Butternut squash hummus

Forberedelsestid: 10 minutter

Tid til at lave mad: 15 minutter

Portioner: 4

Sværhedsgrad: let

Ingredienser:

- 2 pund eller 900 g butternut squash uden kerner, skrællet
- 1 stor ske. olivenolie
- ¼ c. tahini
- 2 skeer. citronsaft
- 2 hakkede fed hvidløg
- Salt og peber

Indikationer:

Forvarm ovnen til 300 F / 148 C. Pensl zucchinien med olivenolie. Læg i en gryde til bagning i ovnen i 15 minutter. Når græskarret er kogt, blandes det med de øvrige ingredienser i en foodprocessor.

Blend indtil glat. Server med gulerødder og selleristænger. Til videre brug placeres i individuelle beholdere, klæbes på en etiket og opbevares i køleskabet. Lad det nå op på stuetemperatur, før det genopvarmes i mikroovnen.

Næringsværdi (pr. 100 g): 115 kalorier 5,8 g fedt 6,7 g kulhydrater 10 g protein 946 mg natrium

Muffins med skinke

Forberedelsestid: 10 minutter

Tid til at lave mad: 15 minutter

Portioner: 6

Sværhedsgrad: medium

Ingredienser:

- 9 skiver skinke
- 1/3 c. hakket spinat
- ¼ c. smuldret fetaost
- ½ c. hakkede ristede røde peberfrugter
- Salt og sort peber
- 1 og en halv spsk. basilikum pesto
- 5 sammenpisket æg

Indikationer:

Smør muffinformen. Brug 1½ skiver skinke til at beklæde hver muffinform. Udover sort peber, salt, pesto og æg fordeles resten af ingredienserne i skinkekopperne. Pisk peber, salt, pesto og æg i en skål. Hæld peberblandingen over. Forvarm ovnen til 400 F / 204 C og bag i cirka 15 minutter. Server straks.

Næringsværdi (pr. 100 g): 109 kalorier 6,7 g fedt 1,8 g kulhydrater 9 g protein 386 mg natrium

Spelt salat

Forberedelsestid: 10 minutter

Tid til at lave mad: 0 minutter

Portioner: 2

Sværhedsgrad: let

Ingredienser:

- 1 stor ske. olivenolie
- Salt og sort peber
- 1 bundt ung spinat, hakket
- 1 avocado, udstenet, skrællet og hakket
- 1 hakket fed hvidløg
- 2 c. kogt boghvede
- ½ c. cherrytomater, skåret i tern

Indikationer:

Indstil blusset til medium temperatur. Kom olien i en gryde og varm den op. Tilsæt de øvrige ingredienser. Kog blandingen i cirka 5 minutter. Læg på serveringsfade og nyd.

Næringsværdi (pr. 100 g): 157 kalorier 13,7 g fedt 5,5 g kulhydrater 6 g protein 615 mg natrium

Omelet med linser og cheddar

Forberedelsestid: 5 minutter

Tid til at lave mad: 17 minutter

Portioner: 4

Sværhedsgrad: let

Ingredienser:

- 1 hakket rødløg
- 2 skeer. olivenolie
- 1 c. kogt sød kartoffel, hakket
- ¾ c. hakket skinke
- 4 sammenpisket æg
- ¾ c. kogte linser
- 2 skeer. græsk yoghurt
- Salt og sort peber
- ½ c. cherrytomater skåret i halve,
- ¾ c. revet cheddarost

Indikationer:

Sæt varmen på medium og stil gryden derpå. Tilsæt olie til varme.

Rør løget i og lad det stege i cirka 2 minutter. Udover ost og æg tilsættes de øvrige ingredienser og koges i yderligere 3 minutter.

Tilsæt æg, pynt med ost. Kog tildækket i yderligere 10 minutter.

Skær omeletten i skiver, kom den i skåle og nyd.

Næringsværdi (pr. 100 g): 274 kalorier 17,3 g fedt 3,5 g kulhydrater 6 g protein 843 mg natrium

Garganelli med zucchini og rejepesto

Forberedelsestid: 10 minutter

Tid til at lave mad: 30 minutter

Portioner: 4

Sværhedsgrad: medium

Ingredienser:

- 300 g garganel med æg
- Til zucchinipestoen:
- 7 ounces zucchini
- 1 kop pinjekerner
- 8 spiseskefulde (0,35 ounce) basilikum
- 1 tsk bordsalt
- 9 spsk ekstra jomfru olivenolie
- Riv 2 spsk parmesanost
- 1 oz pecorino ost til rivning
- Til sauterede rejer:
- 8,8 ounce rejer
- 1 fed hvidløg
- 7 teskefulde ekstra jomfru olivenolie
- En knivspids salt

Indikationer:

Begynd at forberede pestoen:

Efter du har vasket zucchini, riv dem, læg dem i en si (så de mister noget af den overskydende væske) og salt dem let. Kom pinjekerner, zucchini og basilikumblade i en blender. Tilsæt revet parmesan, pecorino og ekstra jomfruolivenolie.

Blend det hele til du får en cremet blanding, tilsæt et nip salt og stil til side.

Skift til rejer:

Fjern først tarmen ved at bruge en kniv til at skære bagsiden af rejen i hele dens længde og brug spidsen af kniven til at fjerne den sorte tråd indefra.

Steg et fed hvidløg i en slip-let pande med ekstra jomfru olivenolie. Når de er gyldenbrune, fjern hvidløget og tilsæt rejerne. Bag dem i cirka 5 minutter ved middel varme, indtil du ser en sprød skorpe udenpå.

Kog derefter en gryde med saltet vand og kog garganellaen. Skil et par spiseskefulde af kogevandet fra og dræn al dente pastaen.

Læg garganellen i gryden, hvor du har kogt rejerne. Kog sammen i et minut, tilsæt en skefuld kogevand og tilsæt til sidst zucchinipestoen.

Bland alt godt for at kombinere pastaen med saucen.

Næringsværdi (pr. 100 g): 776 kalorier 46 g fedt 68 g kulhydrater 22,5 g protein 835 mg natrium

Lakse ris

Forberedelsestid: 10 minutter

Tid til at lave mad: 30 minutter

Portioner: 4

Sværhedsgrad: medium

Ingredienser:

- 1 kop (12,3 ounce) ris
- 8,8 ounces laksebøf
- 1 porre
- Ekstra jomfru olivenolie efter smag
- 1 fed hvidløg
- ½ glas hvidvin
- 3 ½ skeer revet Grana Padan
- Tilsæt salt efter smag
- Sort peber efter smag
- 17 fl. oz (500 ml) fiskefond
- 1 kop smør

Indikationer:

Start med at rense laksen og skær den i små stykker. Kog 1 spsk olie på en pande med et helt fed hvidløg og steg laksen i 2/3 minutter, tilsæt salt og læg laksen til side, og fjern hvidløget.

Begynd nu at forberede risottoen:

Skær porren i meget små stykker og svits i en gryde med to spiseskefulde olie. Rør risene i og kog i et par sekunder ved middel varme under omrøring med en træske.

Tilsæt hvidvin og kog videre under omrøring af og til, så risene ikke klistrer til gryden, og tilsæt suppen (grøntsag eller fisk) lidt efter lidt.

Halvvejs i kogningen tilsættes laks, smør og evt. lidt salt. Når risene er gennemstegte, tages de af varmen. Bland med et par spiseskefulde revet Grana Padan og server.

Næringsværdi (pr. 100 g): 521 kalorier 13 g fedt 82 g kulhydrater 19 g protein 839 mg natrium

Pasta med cherrytomater og ansjoser

Forberedelsestid: 15 minutter

Tid til at lave mad: 35 minutter

Portioner: 4

Sværhedsgrad: let

Ingredienser:

- 10,5 ounce spaghetti
- 1,3 lb cherrytomater
- 9 ounce ansjoser (forrenset)
- 2 spsk kapers
- 1 fed hvidløg
- 1 lille rødløg
- Persille efter smag
- Ekstra jomfru olivenolie efter smag
- Køkkensalt efter smag
- Sort peber efter smag
- Sorte oliven efter smag

Indikationer:

Skær hvidløgsfedet i tynde skiver.

Skær cherrytomaterne i to dele. Pil løget og hak det fint.

Kom lidt olie med hvidløg og hakket løg i gryden. Varm alt op over medium varme i 5 minutter; rør af og til.

Når alt er godt krydret, tilsæt cherrytomater og en knivspids salt og peber. Kog i 15 minutter. Sæt imens en gryde med vand på komfuret og tilsæt salt og pasta så snart det koger.

Når saucen næsten er klar tilsættes ansjoserne og koges i et par minutter. Bland forsigtigt.

Sluk for varmen, hak persillen og kom den i gryden.

Når den er kogt, drænes pastaen og tilsættes direkte til saucen. Tænd for varmen igen i et par sekunder.

Næringsværdi (pr. 100 g): 446 kalorier 10 g fedt 66,1 g kulhydrater 22,8 g protein 934 mg natrium

Broccoli og pølse Orecchiette

Forberedelsestid: 10 minutter

Tid til at lave mad: 32 minutter

Portioner: 4

Sværhedsgrad: medium

Ingredienser:

- 11,5 ounce orecchiette
- 10.5 Broccoli
- 10,5 ounce pølse
- 1,35 fl. oz (40 ml) hvidvin
- 1 fed hvidløg
- 2 kviste timian
- 7 teskefulde ekstra jomfru olivenolie
- Sort peber efter smag
- Køkkensalt efter smag

Indikationer:

Kog en gryde op med rigeligt vand og salt. Fjern broccolibukterne fra stilken og skær dem i halve eller i 4 dele, hvis de er for store; kom dem derefter i kogende vand, dæk gryden til og kog i 6-7 minutter.

I løbet af denne tid hakkes timian fint og stilles til side. Fjern tarmen fra pølsen og mos den let med en gaffel.

Steg et fed hvidløg i lidt olie og tilsæt pølsen. Efter et par sekunder tilsættes timian og lidt hvidvin.

Uden at smide kogevandet ud, fjern den kogte broccoli med en hulske og tilsæt kødet lidt efter lidt. Kog det hele i 3-4 minutter. Fjern hvidløget og tilsæt en knivspids sort peber.

Lad vandet, som du kogte broccolien i, koge, tilsæt derefter pastaen og lad det koge. Når pastaen er kogt, drænes den med en hulske og overføres direkte til broccoli og pølsesauce. Bland derefter godt, tilsæt sort peber og brun det hele i gryden i et par minutter.

Næringsværdi (pr. 100 g): 683 kalorier 36 g fedt 69,6 g kulhydrater 20 g protein 733 mg natrium

Radise og røget baconrisotto

Forberedelsestid: 10 minutter

Tid til at lave mad: 30 minutter

Portioner: 3

Sværhedsgrad: medium

Ingredienser:

- 1½ kop ris
- 14 oz radicchio
- 5,3 ounce røget bacon
- 34 fl. oz (1l) Grøntsagssuppe
- 3,4 fl. oz (100 ml) rødvin
- 7 teskefulde ekstra jomfru olivenolie
- 1,7 ounce skalotteløg
- Køkkensalt efter smag
- Sort peber efter smag
- 3 kviste timian

Indikationer:

Lad os starte med tilberedning af grøntsagssuppe.

Start med radicchioen: Skær den i to og fjern den centrale del (den hvide del). Skær den i strimler, vask godt og stil til side. Skær også den røgede bacon i strimler.

Hak purløget fint og kom det i en gryde drysset med olie. Lad det simre ved middel varme, mens du tilsætter en skefuld suppe, tilsæt derefter pancettaen og lad den blive gul.

Efter cirka 2 minutter tilsættes risene og ristes under jævnlig omrøring. På dette tidspunkt hældes rødvinen i ved høj varme.

Når al alkoholen er fordampet, fortsæt tilberedningen ved at tilføje suppen ske for ske. Lad den forrige tørre, før den anden tilføjes, indtil den er gennemstegt. Tilsæt salt og sort peber (afhængigt af hvor meget du beslutter dig for at tilføje).

Når det er kogt, tilsæt strimler af radicchio. Bland dem godt, indtil de er kombineret med risene, men uden kogning. Tilsæt hakket timian.

Næringsværdi (pr. 100 g): 482 kalorier 17,5 g fedt 68,1 g kulhydrater 13 g protein 725 mg natrium

Pasta Alla Genovese

Forberedelsestid: 10 minutter
Tid til at lave mad: 25 minutter
Portioner: 3
Sværhedsgrad: medium

Ingredienser:

- 11,5 oz ziti
- 1 pund oksekød
- 2,2 kg gyldent løg
- 2 ounce selleri
- 2 ounce gulerødder
- 1 kvist persille
- 3,4 fl. oz (100 ml) hvidvin
- Ekstra jomfru olivenolie efter smag
- Køkkensalt efter smag
- Sort peber efter smag
- Parmesan efter smag

Indikationer:

For at forberede pastaen, start med:

Skræl og hak løg og gulerod fint. Vask og hak derefter sellerien fint (smid ikke bladene, som også skal hakkes og lægges til side). Gå derefter videre til kødet, rens det for overskydende fedt og skær det i 5/6 store stykker. Til sidst bindes bladselleri og en kvist persille med køkkengarn til en duftende klynge.

Fyld en større pande med olie. Tilsæt løg, selleri og gulerod (som du tidligere har adskilt) og kog i et par minutter.

Tilsæt derefter kødstykker, en knivspids salt og en duftende bunke. Rør og kog i et par minutter. Skru derefter ned for varmen og dæk med låg.

Kog i mindst 3 timer (tilsæt ikke vand eller bouillon, da løgene vil frigive al den væske, der er nødvendig for at forhindre, at bunden af gryden tørrer ud). Tjek det hele fra tid til anden og bland.

Efter 3 timers tilberedning fjerner du bundtet af aromatiske urter, øger varmen lidt, tilsæt lidt vin og bland.

Kog kødet uden låg i cirka en time, omrør ofte og tilsæt vin, når bunden af gryden tørrer.

På dette tidspunkt skal du tage et stykke kød, skære det i skiver på et skærebræt og stille det til side. Hak ziti og kog i kogende saltet vand.

Når den er kogt, drænes den og kommes tilbage i gryden. Drys et par spiseskefulde kogevand og rør rundt. Anret på en tallerken og tilsæt lidt sauce og smuldret kød (det du lod stå til side i trin 7). Tilsæt peber og revet parmesan efter smag.

Næringsværdi (pr. 100 g): 450 kalorier 8 g fedt 80 g kulhydrater 14,5 g protein 816 mg natrium

Napolitansk blomkålspasta

Forberedelsestid: 15 minutter

Tid til at lave mad: 35 minutter

Portioner: 3

Sværhedsgrad: medium

Ingredienser:

- 10,5 oz pasta
- 1 blomkål
- 3,4 fl. 100 ml tomatsauce
- 1 fed hvidløg
- 1 chili
- 3 spiseskefulde ekstra jomfru olivenolie (eller teskefulde)
- Tilsæt salt efter smag
- Tilsæt peber efter behov

Indikationer:

Rens blomkålen godt: Fjern de yderste blade og stilken. Skær den i små blomster.

Pil et fed hvidløg, hak det og brun det i en gryde med olie og chili.

Tilsæt tomatpuré og blomkålsbuketter og lad dem brune et par minutter ved middel varme, dæk derefter med et par spiseskefulde vand og kog i 15-20 minutter eller i det mindste indtil blomkålen er cremet.

Hvis det forekommer dig, at bunden af skålen er for tør, tilsæt så meget vand som nødvendigt for at holde blandingen flydende.

På dette tidspunkt hældes varmt vand over blomkålen, og når det koger tilsættes pastaen.

Tilsæt salt og peber.

Næringsværdi (pr. 100 g): 458 kalorier 18 g fedt 65 g kulhydrater 9 g protein 746 mg natrium

Pasta og bønner, appelsin og fennikel

Forberedelsestid: 10 minutter

Tid til at lave mad: 30 minutter

Portioner: 5

Sværhedsgrad: sværhedsgrad

Ingredienser:

- Ekstra jomfru olivenolie - 1 spsk. plus ekstra til servering
- Bacon - 2 ounce, fint hakket
- Løg - 1, fint hakket
- Fennikel - 1 løg, stilke fjernet, løg skåret i to, udkernet og finthakket
- Selleri - 1 stilk, hakket
- Hvidløg - 2 fed, hakket
- Ansjosfileter - 3 stykker, vasket og hakket
- Frisk hakket oregano - 1 spsk.
- Revet appelsinskal - 2 tsk.
- Fennikelfrø - ½ tsk.
- Rød peberflager - ¼ tsk.
- Hakkede tomater - 1 dåse (28 ounce)
- Parmesan - 1 skorpe, plus mere til servering
- Cannellini bønner - 1 dåse (7 ounce), skyllet
- Kyllingesuppe - 2 ½ kopper
- Vand - 2 ½ kopper
- Salt og peber

- Byg - 1 kop
- Frisk hakket persille - ¼ kop

Indikationer:

Opvarm olien i en hollandsk ovn over medium-høj varme. Tilsæt bacon. Steg i 3-5 minutter, eller indtil de begynder at blive brune.

Bland selleri, fennikel og løg og steg til det er blødt (ca. 5-7 minutter).

Bland peberfrugt, fennikelfrø, appelsinskal, oregano, ansjoser og hvidløg. Kog i 1 minut. Bland tomaterne og deres saft. Bland parmesanost og grønne bønner.

Bring i kog og kog i 10 minutter. Bland vand, bouillon og 1 tsk. salt. Kog det ved høj varme. Bland pastaen og kog den al dente.

Tag den af varmen og kassér parmesanskallen.

Rør persillen i og smag til med salt og peber. Dryp med lidt olivenolie og drys med revet parmesanost. At tjene.

Næringsværdi (pr. 100 g): 502 kalorier 8,8 g fedt 72,2 g kulhydrater 34,9 g protein 693 mg natrium

Citron spaghetti

Forberedelsestid: 10 minutter

Tid til at lave mad: 15 minutter

Portioner: 6

Sværhedsgrad: let

Ingredienser:

- Ekstra jomfru olivenolie - ½ kop
- Revet citronskal - 2 teskefulde.
- Citronsaft - 1/3 kop
- Hvidløg - 1 fed, hakket til paté
- Salt og peber
- Parmesan - 2 ounce, revet
- Spaghetti - 1 lb.
- Frisk hakket basilikum - 6 spsk.

Indikationer:

I en skål piskes hvidløg, olie, citronskal, saft, ½ tsk. salt og ¼ tsk. Peber. Tilsæt parmesanost og bland indtil cremet.

Kog imens pastaen efter anvisningen på pakken. Dræn og stil ½ kop kogevand til side. Tilsæt olie- og basilikumblandingen til pastaen og vend sammen. Krydr godt og tilsæt eventuelt kogevand. At tjene.

Næringsværdi (pr. 100 g): 398 kalorier 20,7 g fedt 42,5 g kulhydrater 11,9 g protein 844 mg natrium

Cous cous med krydrede grøntsager

Forberedelsestid: 10 minutter
Tid til at lave mad: 20 minutter
Portioner: 6
Sværhedsgrad: hårdt

Ingredienser:

- Blomkål - 1 hoved, skåret i 1 tomme buketter
- Ekstra jomfru olivenolie - 6 spsk. plus ekstra til servering
- Salt og peber
- Couscous - 1½ kopper
- Zucchini - 1, skåret i ½ tomme stykker
- Rød peber - 1, stilket, frøet og skåret i ½ tomme stykker
- Hvidløg - 4 fed, hakket
- Ras el hanout - 2 teskefulde.
- Revet citronskal - 1 tsk. plus citronbåde til servering
- Kyllingesuppe - 1 ¾ kopper
- Frisk hakket merian - 1 spsk.

Indikationer:

Varm 2 spsk i en gryde. olie ved middel varme. Tilsæt blomkål, ¾ tsk. salt og ½ tsk. Peber. Blande. Kog indtil buketter er gyldenbrune og kanterne er knap gennemsigtige.

Tag låget af og kog under omrøring i 10 minutter, eller indtil buketter er gyldne. Overfør til en skål og rengør bakken. Varm 2 spsk. olie i gryden.

Tilsæt couscous. Kog og fortsæt med at røre i 3-5 minutter, eller indtil bønnerne begynder at blive brune. Overfør til en skål og rengør bakken. Varm de resterende 3 spsk. olie i en gryde og tilsæt peber, zucchini og ½ tsk. salt. Kog i 8 minutter.

Bland citronskal, ras el hanout og hvidløg. Kog indtil dufter (ca. 30 sekunder). Kom suppen i og lad det simre. Tilsæt couscousen. Fjern fra varmen og stil til side, indtil den er blød.

Tilsæt merian og blomkål; fnug derefter let med en gaffel for at kombinere. Dryp med ekstra olie og krydr godt. Server med citronbåde.

Næringsværdi (pr. 100 g): 787 kalorier 18,3 g fedt 129,6 g kulhydrater 24,5 g protein 699 mg natrium

Krydrede stegte ris med fennikel

Forberedelsestid: 10 minutter

Tid til at lave mad: 45 minutter

Portioner: 8

Sværhedsgrad: medium

Ingredienser:

- Søde kartofler - 1 ½ pund, skrællet og skåret i 1 tomme stykker
- Ekstra jomfru olivenolie - ¼ kop
- Salt og peber
- Fennikel - 1 løg, finthakket
- Lille løg - 1, fint hakket
- Langkornet hvide ris - 1 ½ kop, vasket
- Hvidløg - 4 fed, hakket
- Ras el hanout - 2 teskefulde.
- Kyllingesuppe - 2 kopper
- Store grønne, udstenede oliven i saltlage - ¾ kop, halveret
- Hakket frisk koriander - 2 spsk.
- Lime skiver

Indikationer:

Placer en ovnrist i midten og forvarm ovnen til 400F. Krydr kartoflerne med ½ tsk. salt og 2 spsk. olie.

Læg kartoflerne i et enkelt lag på en bageplade med rand og bag dem i 25-30 minutter, eller indtil de er møre. Rør kartoflerne i halvvejs gennem kogningen.

Fjern kartoflerne og reducer ovntemperaturen til 350F. Varm de resterende 2 spsk i ovnen. olie ved middel varme.

Tilsæt løg og fennikel; kog derefter i 5-7 minutter eller indtil de er møre. Tilsæt ras el hanout, hvidløg og ris. Steg under omrøring i 3 minutter.

Rør oliven og suppe i og lad det stå i 10 minutter. Tilsæt kartoflerne til risene og mos forsigtigt med en gaffel for at blande dem. Smag til med salt og peber efter smag. Pynt med koriander og server med limebåde.

Næringsværdi (pr. 100 g): 207 kalorier 8,9 g fedt 29,4 g kulhydrater 3,9 g protein 711 mg natrium

Marokkansk cous cous med kikærter

Forberedelsestid: 5 minutter

Tid til at lave mad: 18 minutter

Portioner: 6

Sværhedsgrad: medium

Ingredienser:

- Ekstra jomfru olivenolie - ¼ kop, ekstra til servering
- Couscous - 1½ kopper
- Skrællede og finthakkede gulerødder - 2
- finthakket løg - 1
- Salt og peber
- Hvidløg - 3 fed, hakket
- Malet koriander - 1 tsk.
- Malet ingefær - teskefuld.
- Malede anisfrø - ¼ tsk.
- Kyllingesuppe - 1 ¾ kopper
- Kikærter - 1 dåse (15 ounce), skyllet
- Frosne ærter - 1 ½ kopper
- Frisk hakket persille eller koriander - ½ kop
- citronskiver

Indikationer:

Varm 2 spsk. olie i en gryde ved middel varme. Rør couscousen i og kog i 3-5 minutter eller indtil den begynder at brune. Overfør til en skål og rengør bakken.

Varm de resterende 2 spsk. olie i en gryde og tilsæt løg, gulerødder og 1 tsk. salt. Kog i 5-7 minutter. Bland anis, ingefær, koriander og hvidløg. Kog indtil dufter (ca. 30 sekunder).

Tilsæt kikærter og bouillon og bring det i kog. Tilsæt couscous og ærter. Dæk til og fjern fra varmen. Lad det stå til side, indtil couscousen er blød.

Tilsæt persillen til couscousen og bland med en gaffel. Dryp med ekstra olie og krydr godt. Server med citronbåde.

Næringsværdi (pr. 100 g): 649 kalorier 14,2 g fedt 102,8 g kulhydrater 30,1 g protein 812 mg natrium

Vegetarisk paella med grønne bønner og kikærter

Forberedelsestid: 10 minutter

Tid til at lave mad: 35 minutter

Portioner: 4

Sværhedsgrad: let

Ingredienser:

- En knivspids safran
- Grøntsagssuppe - 3 kopper
- Olivenolie - 1 spsk.
- Gult løg - 1 stort, skåret i tern
- Hvidløg - 4 fed, skåret i skiver
- Rød peber - 1, skåret i tern
- Knuste tomater - ¾ kop, friske eller dåse
- Tomatpuré - 2 spsk.
- Allehånde - 1 ½ tsk.
- Salt - 1 tsk.
- Friskkværnet sort peber - ½ tsk.
- Grønne bønner - 1 1/2 kopper, skrællet og skåret i halve
- Kikærter - 1 dåse (15 ounce), drænet og skyllet
- Kortkornet hvide ris - 1 kop
- Citron - 1, skåret i skiver

Indikationer:

Bland safranetrådene med 3 spsk. lunkent vand i en lille skål. Kog vand i en gryde ved middel varme. Skru ned for varmen og lad det simre.

Varm olien op i en pande ved middel varme. Rør løget i og steg i 5 minutter. Tilsæt peber og hvidløg og steg i 7 minutter, eller indtil peberen er blød. Rør vand- og safranblandingen, salt, peber, paprika, tomatpure og tomater i.

Tilsæt ris, kikærter og grønne bønner. Rør den varme suppe i og lad det koge ind. Reducer varmen og lad det simre uden låg i 20 minutter.

Serveres varm, pyntet med citronskiver.

Næringsværdi (pr. 100 g): 709 kalorier 12 g fedt 121 g kulhydrater 33 g protein 633 mg natrium

Hvidløgsrejer med tomater og basilikum

Forberedelsestid: 10 minutter

Tid til at lave mad: 10 minutter

Portioner: 4

Sværhedsgrad: let

Ingredienser:

- Olivenolie - 2 spsk.
- Rejer - 1¼ pounds, pillede og deveirede
- Hvidløg - 3 fed, hakket
- Knust rød peberflager - 1/8 tsk.
- Tør hvidvin - ¾ kop
- Vindruetomater - 1 ½ kopper
- Finhakket frisk basilikum - ¼ kop, plus mere til pynt
- Salt - ¾ teskefuld.
- Kværnet sort peber - ½ tsk.

Indikationer:

Varm olien op i en pande ved middel varme. Tilsæt rejerne og kog i 1 minut eller indtil de er gennemstegte. Overfør til en tallerken.

Læg de røde peberflager og hvidløg på olien i gryden og kog under omrøring i 30 sekunder. Rør vinen i og kog indtil det er reduceret til cirka det halve.

Tilsæt tomaterne og steg indtil tomaterne begynder at falde fra hinanden (ca. 3 til 4 minutter). Tilsæt rejer til side, salt, peber og basilikum. Kog i yderligere 1 til 2 minutter.

Server pyntet med den resterende basilikum.

Næringsværdi (pr. 100 g): 282 kalorier 10 g fedt 7 g kulhydrater 33 g protein 593 mg natrium

Paella med rejer

Forberedelsestid: 10 minutter
Tid til at lave mad: 25 minutter
Portioner: 4
Sværhedsgrad: medium

Ingredienser:

- Olivenolie - 2 spsk.
- Mellemstor løg - 1, skåret i tern
- Rød peber - 1, skåret i tern
- Hvidløg - 3 fed, hakket
- En knivspids safran
- Allehånde - ¼ tsk.
- Salt - 1 tsk.
- Friskkværnet sort peber - ½ tsk.
- Kyllingesuppe - 3 kopper, delt
- Kortkornet hvide ris - 1 kop
- Store pillede og udvundne rejer - 1 lb.
- Frosne ærter - 1 kop, optøet

Indikationer:

Varm olivenolien op i en gryde. Tilsæt løg og peber og steg i 6 minutter eller indtil de er bløde. Tilsæt salt, peber, paprika, safran og hvidløg og bland. Rør 2 ½ kopper bouillon og ris i.

Bring blandingen i kog, og kog derefter, indtil risene er kogte, cirka 12 minutter. Læg rejer og ærter oven på risene og tilsæt den resterende ½ kop bouillon.

Læg låget tilbage på gryden og kog indtil alle rejerne er kogte (ca. 5 minutter). At tjene.

Næringsværdi (pr. 100 g): 409 kalorier 10 g fedt 51 g kulhydrater 25 g protein 693 mg natrium

Linsesalat med oliven, mynte og feta

Forberedelsestid: 60 minutter
Tid til at lave mad: 60 minutter
Portioner: 6
Sværhedsgrad: medium

Ingredienser:

- Salt og peber
- Franske linser - 1 kop, plukket og vasket
- Hvidløg - 5 fed, let knust og pillet
- laurbærblad - 1
- Ekstra jomfru olivenolie - 5 spsk.
- Hvidvinseddike - 3 spsk.
- Kalamata udstenede oliven - ½ kop, hakket
- Frisk hakket mynte - ½ kop
- Løg - 1 stor, hakket
- Fetaost - 1 ounce, smuldret

Indikationer:

Tilsæt 4 kopper varmt vand og 1 tsk. salt i en skål. Tilsæt linserne og lad dem trække ved stuetemperatur i 1 time. Dræn godt af.

Placer grillen i midten og forvarm ovnen til 325F. Tilsæt linser, 4 dl vand, hvidløg, laurbærblad og ½ tsk. salt i gryden. Dæk til og sæt fadet i ovnen og steg i 40-60 minutter eller indtil linserne er møre.

Dræn linserne godt, fjern hvidløg og laurbærblad. I en stor skål sigtes olie og eddike sammen. Tilsæt skalotteløg, mynte, oliven og linser og rør sammen.

Smag til med salt og peber efter smag. Læg godt i et serveringsfad og pynt med feta. At tjene.

Næringsværdi (pr. 100 g): 249 kalorier 14,3 g fedt 22,1 g kulhydrater 9,5 g protein 885 mg natrium

Kikærter med hvidløg og persille

Forberedelsestid: 5 minutter

Tid til at lave mad: 20 minutter

Portioner: 6

Sværhedsgrad: medium

Ingredienser:

- Ekstra jomfru olivenolie - ¼ kop
- Hvidløg - 4 fed, skåret i tynde skiver
- Rød peberflager - 1/8 tsk.
- Løg - 1, hakket
- Salt og peber
- Kikærter - 2 dåser (15 ounce), skyllet
- Kyllingesuppe - 1 kop
- Hakket frisk persille - 2 spsk.
- Citronsaft - 2 teskefulde.

Indikationer:

Tilsæt 3 spsk til gryden. smør og kog hvidløgs- og peberflagerne i 3 minutter. Bland løg og ¼ tsk. tilsæt salt og kog i 5-7 minutter.

Bland kikærter og bouillon og kog op. Reducer varmen og kog i 7 minutter, tildækket.

Afdæk og sæt over høj varme og kog i 3 minutter, eller indtil al væsken er fordampet. Stil til side og bland citronsaft og persille i.

Smag til med salt og peber efter smag. Smag til med 1 spsk. fordel og server.

Næringsværdi (pr. 100 g): 611 kalorier 17,6 g fedt 89,5 g kulhydrater 28,7 g protein 789 mg natrium

Stuvede kikærter med auberginer og tomater

Forberedelsestid: 10 minutter
Tid til at lave mad: 60 minutter
Portioner: 6
Sværhedsgrad: let

Ingredienser:

- Ekstra jomfru olivenolie - ¼ kop
- Løg - 2, hakket
- Grøn peber - 1, fint hakket
- Salt og peber
- Hvidløg - 3 fed, hakket
- Frisk hakket oregano - 1 spsk.
- laurbærblad - 2
- Aubergine - 1 pund, skåret i 1-tommers stykker
- Hel skræl - 1 stk., dåse, drænet for den resterende saft, hakket
- Kikærter - 2 dåser (15 ounce), drænet med 1 kop reserveret væske

Indikationer:

Placer en ovnrist i den nederste midte og forvarm ovnen til 400F.

Opvarm olien i en hollandsk ovn. Tilsæt peber, løg, ½ tsk. salt og ¼ tsk. Peber. Steg under omrøring i 5 minutter.

Bland 1 tsk. oregano, hvidløg og laurbærblad og kog i 30 sekunder. Bland tomater, auberginer, separeret juice, kikærter og konserveret væske og bring det i kog. Overfør gryden til ovnen og kog uden låg i 45-60 minutter. Bland to gange.

Fjern laurbærbladene. Tilsæt de resterende 2 tsk. oregano og smag til med salt og peber. At tjene.

Næringsværdi (pr. 100 g): 642 kalorier 17,3 g fedt 93,8 g kulhydrater 29,3 g protein 983 mg natrium

Græske ris med citron

Forberedelsestid: 20 minutter

Tid til at lave mad: 45 minutter

Portioner: 6

Sværhedsgrad: medium

Ingredienser:

- Langkornet ris - 2 kopper, rå (gennemblødt i koldt vand i 20 minutter, derefter drænet)
- Ekstra jomfru olivenolie - 3 spsk.
- Gult løg - 1 mellemstor hoved, hakket
- Hvidløg - 1 fed, hakket
- Bygpasta - ½ kop
- Saft af 2 citroner plus skal af 1 citron
- Lavt natriumsuppe - 2 kopper
- En knivspids salt
- Hakket persille - 1 stor håndfuld
- Dildukrudt - 1 tsk.

Indikationer:

I en gryde varmes 3 spsk. ekstra jomfru oliven olie. Tilsæt løg og steg i 3-4 minutter. Tilsæt bygpastaen og hvidløget og vend det sammen.

Tilsæt derefter risene til dækning. Tilsæt bouillon og citronsaft. Bring i kog og reducer varmen. Dæk til og kog i cirka 20 minutter.

Fjern fra varmen. Dæk til og stil til side i 10 minutter. Afdæk og tilsæt citronskal, dild og persille. At tjene.

Næringsværdi (pr. 100 g): 145 kalorier 6,9 g fedt 18,3 g kulhydrater 3,3 g protein 893 mg natrium

Ris med aromatiske urter

Forberedelsestid: 10 minutter

Tid til at lave mad: 30 minutter

Portioner: 4

Sværhedsgrad: let

Ingredienser:

- Ekstra jomfru olivenolie - ½ kop, delt
- Store hvidløg - 5, hakket
- Jasmin brune ris - 2 kopper
- Vand - 4 kopper
- Havsalt - 1 tsk.
- Sort peber - 1 tsk.
- Frisk hakket purløg - 3 spsk.
- Hakket frisk persille - 2 spsk.
- Frisk hakket basilikum - 1 spsk.

Indikationer:

Tilsæt ¼ kop olivenolie, hvidløg og ris til gryden. Rør rundt og varm op ved middel varme. Bland vand, havsalt og sort peber. Bland derefter igen.

Bring i kog og reducer varmen. Lad det simre uden låg under lejlighedsvis omrøring.

Når vandet næsten er absorberet, røres den resterende ¼ kop olivenolie i sammen med basilikum, persille og purløg.

Rør indtil urterne er blandet og alt vandet er absorberet.

Næringsværdi (pr. 100 g):304 kalorier 25,8 g fedt 19,3 g kulhydrater 2 g protein 874 mg natrium

Middelhavsrissalat

Forberedelsestid: 10 minutter

Tid til at lave mad: 25 minutter

Portioner: 4

Sværhedsgrad: medium

Ingredienser:

- Ekstra jomfru olivenolie - ½ kop, delt
- Langkornet brune ris - 1 kop
- Vand - 2 kopper
- Frisk citronsaft - ¼ kop
- Fed hvidløg - 1, hakket
- Frisk hakket rosmarin - 1 tsk.
- Frisk hakket mynte - 1 tsk.
- Belgisk endivie - 3, hakket
- Rød peber - 1 medium, hakket
- Drivhus agurk - 1, hakket
- Hele hakkede grønne løg - ½ kop
- Kalamata oliven, hakket - ½ kop
- Rød peberflager - ¼ tsk.
- Smuldret fetaost - ¾ kop
- Havsalt og sort peber

Indikationer:

Varm ¼ kop olivenolie, ris og en knivspids salt op i en gryde ved svag varme. Rør for at dække risene. Tilsæt vand og lad det koge indtil vandet er absorberet. Rør af og til. Hæld risene i en stor skål og lad dem køle af.

I en anden skål blandes den resterende ¼ kop olivenolie, rød peberflager, oliven, spidskål, agurk, peberfrugt, endivie, mynte, rosmarin, hvidløg og citronsaft.

Kom risene i blandingen og rør for at kombinere. Rør forsigtigt fetaosten i.

Smag til og juster krydderierne. At tjene.

Næringsværdi (pr. 100 g): 415 kalorier 34 g fedt 28,3 g kulhydrater 7 g protein 4755 mg natrium

Frisk bønne- og tunsalat

Forberedelsestid: 5 minutter

Tid til at lave mad: 20 minutter

Portioner: 6

Sværhedsgrad: let

Ingredienser:

- Friske afskallede (afskallede) bønner - 2 kopper
- laurbærblad - 2
- Ekstra jomfru olivenolie - 3 spsk.
- Rødvinseddike - 1 spsk.
- Salt og sort peber
- Tunfisk af bedste kvalitet - 1 dåse (6 oz), pakket i olivenolie
- Saltede kapers - 1 spsk. udblødt og tørret
- Finhakket fladbladet persille - 2 spsk.
- Rødløg - 1, skåret i skiver

Indikationer:

Kog letsaltet vand i en gryde. Tilsæt bønner og laurbærblade; Kog derefter i 15-20 minutter eller indtil bønnerne er møre, men stadig faste. Dræn, fjern smag og overfør til en skål.

Krydr straks de grønne bønner med eddike og olie. Tilsæt salt og sort peber. Bland godt og juster krydderierne. Dræn tunen og tilsæt tunkødet til bønnesalaten. Tilsæt persille og kapers. Rør sammen og drys rødløgsskiverne over. At tjene.

Næringsværdi (pr. 100 g): 85 kalorier 7,1 g fedt 4,7 g kulhydrater 1,8 g protein 863 mg natrium

Lækker pasta med kylling

Forberedelsestid: 10 minutter
Tid til at lave mad: 17 minutter
Portioner: 4
Sværhedsgrad: let

Ingredienser:

- 3 kyllingebryst, uden skind, uden ben, skåret i stykker
- 300 g fuldkornspasta
- 1/2 kop skivede oliven
- 1/2 kop soltørrede tomater
- 1 spsk ristet rød peber, hakket
- 14 oz dåse hakkede tomater
- 2 kopper marinara sauce
- 1 kop hønsebouillon
- Peber
- salt

Indikationer:

I instant-gryden blandes alle ingredienserne undtagen fuldkornspastaen.

Luk låget og kog ved høj varme i 12 minutter.

Når du er færdig, lad trykket slippe naturligt. Fjern dækslet.

Tilsæt pastaen og bland godt. Luk gryden igen, vælg manuelt og indstil timeren til 5 minutter.

Når du er færdig, slip trykket i 5 minutter, og slip derefter resten ved hjælp af hurtigudløseren. Fjern dækslet. Bland godt og server.

Næringsværdi (pr. 100 g): 615 kalorier 15,4 g fedt 71 g kulhydrater 48 g protein 631 mg natrium

Smag Taco Bowl Ris

Forberedelsestid: 10 minutter
Tid til at lave mad: 14 minutter
Portioner: 8
Sværhedsgrad: medium

Ingredienser:

- 1 pund hakket oksekød
- 8 ounce cheddarost, revet
- 14 ounce dåse røde bønner
- 2 ounce tacokrydderi
- 16 ounce sauce
- 2 kopper vand
- 2 kopper brune ris
- Peber
- salt

Indikationer:

Indstil Instant Pot til simretilstand.

Kom kødet i gryden og svits til det er gyldenbrunt.

Tilsæt vand, bønner, ris, tacokrydderi, peber og salt og bland godt.

Hæld saucen over. Luk låget og kog ved høj varme i 14 minutter.

Når du er færdig, slip trykket ved hjælp af hurtigudløseren. Fjern dækslet.

Rør cheddarosten i og rør til osten smelter.

Server og nyd.

Næringsværdi (pr. 100 g): 464 kalorier 15,3 g fedt 48,9 g kulhydrater 32,2 g protein 612 mg natrium

Lækker mac og ost

Forberedelsestid: 10 minutter

Tid til at lave mad: 10 minutter

Portioner: 6

Sværhedsgrad: let

Ingredienser:

- 500 g albuepasta
- 4 kopper vand
- 1 kop hakkede tomater
- 1 tsk hakket hvidløg
- 2 spsk olivenolie
- 1/4 kop grønt løg, hakket
- 1/2 kop revet parmesanost
- 1/2 kop revet mozzarella
- 1 kop cheddarost, revet
- 1/4 kop puré
- 1 kop usødet mandelmælk
- 1 kop marinerede artiskokker i tern
- 1/2 kop soltørrede tomater, skåret i skiver
- 1/2 kop skivede oliven
- 1 tsk salt

Indikationer:

Tilsæt pasta, vand, tomater, hvidløg, olie og salt i gryden og bland godt. Dæk med låg og kog ved høj varme.

Når det er færdigt, slip trykket i et par minutter, og dræn derefter resten ved hjælp af den hurtige dræning. Fjern dækslet.

Indstil gryden til simretilstand. Tilsæt grønne løg, parmesan, mozzarella, cheddarost, passata, mandelmælk, artiskokker, soltørrede tomater og oliven. Bland godt.

Bland godt og kog indtil osten smelter.

Server og nyd.

Næringsværdi (pr. 100 g): 519 kalorier 17,1 g fedt 66,5 g kulhydrater 25 g protein 588 mg natrium

Ris med oliven og agurker

Forberedelsestid: 10 minutter
Tid til at lave mad: 10 minutter
Portioner: 8
Sværhedsgrad: medium

Ingredienser:

- 2 kopper ris, vasket
- 1/2 kop rensede oliven
- 1 kop hakket agurk
- 1 spsk rødvinseddike
- 1 tsk revet citronskal
- 1 spsk frisk citronsaft
- 2 spsk olivenolie
- 2 kopper grøntsagssuppe
- 1/2 tsk tørret oregano
- 1 rød peberfrugt, hakket
- 1/2 kop løg, hakket
- 1 spsk olivenolie
- Peber
- salt

Indikationer:

Tilsæt olie til den inderste gryde af Instant Pot og sæt gryden til simretilstand. Tilsæt løget og svits i 3 minutter. Tilsæt peber og oregano og sauter i 1 minut.

Tilsæt ris og suppe og bland godt. Luk låget og kog ved høj varme i 6 minutter. Når du er færdig, lad trykket slappe af i 10 minutter, og slip derefter resten ved hjælp af hurtigudløseren. Fjern dækslet.

Tilsæt resten af ingredienserne og bland det godt sammen. Server straks og nyd.

Næringsværdi (pr. 100 g): 229 kalorier 5,1 g fedt 40,2 g kulhydrater 4,9 g protein 210 mg natrium

Risotto med aromatiske urter

Forberedelsestid: 10 minutter

Tid til at lave mad: 15 minutter

Portioner: 4

Sværhedsgrad: medium

Ingredienser:

- 2 kopper ris
- 2 spsk revet parmesanost
- 100 g fløde
- 1 spsk frisk oregano, hakket
- 1 spsk frisk basilikum, hakket
- 1/2 spsk hakket salvie
- 1 løg hakket
- 2 spsk olivenolie
- 1 tsk hvidløg, hakket
- 4 kopper grøntsagssuppe
- Peber
- salt

Indikationer:

Tilsæt olie til den inderste gryde af Instant Pot og klik på panden i simretilstand. Tilsæt hvidløg og løg til den inderste gryde i Instant Pot, og tryk på gryden til sautertilstand. Tilsæt hvidløg og løg og svits i 2-3 minutter.

Tilsæt de øvrige ingredienser undtagen parmesanost og fløde og bland godt. Luk låget og kog ved høj varme i 12 minutter.

Når du er færdig, slip trykket i 10 minutter, og slip derefter resten ved hjælp af hurtigudløseren. Fjern dækslet. Bland fløde og ost og server.

Næringsværdi (pr. 100 g): 514 kalorier 17,6 g fedt 79,4 g kulhydrater 8,8 g protein 488 mg natrium

Lækker Primavera pasta

Forberedelsestid: 10 minutter
Tid til at lave mad: 4 minutter
Portioner: 4
Sværhedsgrad: let

Ingredienser:

- 250 g hel penne
- 1 spsk frisk citronsaft
- 2 spsk hakket frisk persille
- 1/4 kop mandler i flager
- 1/4 kop revet parmesanost
- 14 oz dåse hakkede tomater
- 1/2 kop svesker
- 1/2 kop zucchini, hakket
- 1/2 kop asparges
- 1/2 kop gulerødder, hakket
- 1/2 kop broccoli, hakket
- 1 3/4 dl grøntsagsbouillon
- Peber
- salt

Indikationer:

Tilsæt suppe, persille, tomater, blommer, zucchini, asparges, gulerødder og broccoli til instant-gryden og bland godt. Luk og kog ved høj varme i 4 minutter. Når du er færdig, slip trykket ved hjælp af hurtigudløseren. Fjern dækslet. Bland de resterende ingredienser godt og server.

Næringsværdi (pr. 100 g): 303 kalorier 2,6 g fedt 63,5 g kulhydrater 12,8 g protein 918 mg natrium

Tilapia med rødløg og avocado

Forberedelsestid: 10 minutter

Tid til at lave mad: Fem minutter

Portioner: 4

Sværhedsgrad: medium

Ingredienser:

- 1 spsk ekstra jomfru olivenolie
- 1 spsk friskpresset appelsinjuice
- ¼ tsk kosher eller havsalt
- 4 (4 oz.) tilapiafileter, mere aflange end firkantede, skin-on eller skin-on
- ¼ kop hakket rødløg
- 1 avocado

Indikationer:

Kombiner olien, appelsinjuice og salt i en 9-tommers glaskageform. Lav fileterne på samme tid, læg hver enkelt i en gryde og dæk til på alle sider. Form fileterne i form af et vognhjul. Læg 1 spiseskefuld løg på hver filet, og fold derefter den ende af fileten, der stikker halvt ud over kanten over løget. Når du er færdig, skal du have 4 foldede fileter med fold langs yderkanten af pladen og enderne i midten.

Pak gryden ind med plastfolie, og lad en lille del stå åben i kanten, så damp kan slippe ud. Kog ved høj varme i cirka 3 minutter i mikrobølgeovnen. Når den er færdig, skal den skilles i små stykker, når den trykkes let med en gaffel. Pynt fileterne med avocado og server.

Næringsværdi (pr. 100 g): 200 kalorier 3 g fedt 4 g kulhydrater 22 g protein 811 mg natrium

Grillet fisk

Forberedelsestid: 10 minutter
Tid til at lave mad: 10 minutter
Portioner: 4
Sværhedsgrad: hårdt

Ingredienser:

- 4 (4 ounce) fiskefileter
- Non-stick madlavningsspray
- 3 til 4 mellemstore citroner
- 1 spsk ekstra jomfru olivenolie
- ¼ teskefuld friskkværnet sort peber
- ¼ tsk kosher eller havsalt

Indikationer:

Tør fileterne med sugende papir og lad dem stå ved stuetemperatur i 10 minutter. Beklæd i mellemtiden en kold grillrist med nonstick-spray og forvarm grillen til 400°F eller medium-høj.

Skær citronen i halve og hold halvdelen til side. Skær den resterende halvdel af den citron og de resterende citroner i ¼-tommer tykke skiver. (Du skal have ca. 12-16 citronbåde.) I en lille skål, pres 1 spsk af saften fra den reserverede citronhalvdel.

Tilsæt olien i skålen med citronsaft og bland godt. Beklæd begge sider af fisken med olieblandingen og drys jævnt med peber og salt.

Læg forsigtigt citronskiverne på grillen (eller grillpanden), arranger 3 til 4 skiver sammen i form af en fiskefilet og gentag med de resterende skiver. Læg fiskefileterne direkte på citronskiverne og grill med lukket låg. (Hvis du griller, dæk med et stort låg eller aluminiumsfolie.) Vend kun fisken halvvejs i grilltiden, hvis fileterne er mere end en halv tomme tykke. Den er kogt, når den begynder at skille sig i små stykker, når den trykkes let med en gaffel.

Næringsværdi (pr. 100 g): 147 kalorier 5 g fedt 1 g kulhydrater 22 g protein 917 mg natrium

Fisk i en pande

Forberedelsestid: 10 minutter

Tid til at lave mad: 10 minutter

Portioner: 4

Sværhedsgrad: medium

Ingredienser:

- Non-stick madlavningsspray
- 2 spsk ekstra jomfru olivenolie
- 1 spsk balsamicoeddike
- 4 (4-ounce) fiskefileter (½ tomme tykke)
- 2½ kopper grønne bønner
- 1 pint cherrytomater eller cherrytomater

Indikationer:

Forvarm ovnen til 400°F. Beklæd to store bradepander med nonstick-spray. Bland olie og eddike i en lille skål. Lad være til side. Læg to stykker fisk på hver bageplade.

Kombiner grønne bønner og tomater i en stor skål. Hæld olie og eddike i og vend forsigtigt til belægning. Hæld halvdelen af bønneblandingen over fisken på den ene bakke, og hæld den anden halvdel over fisken på den anden. Vend fisken på hovedet og gnid den ind i olieblandingen, så den dækkes. Fordel grøntsagerne jævnt på bagepladene, så den varme luft kan cirkulere rundt om dem.

Kog indtil fisken bliver uigennemsigtig. Den er kogt, når den begynder at skille sig i stykker, når den prikkes let med en gaffel.

Næringsværdi (pr. 100 g): 193 kalorier 8 g fedt 3 g kulhydrater 23 g protein 811 mg natrium

Sprøde fiskepinde

Forberedelsestid: 10 minutter
Tid til at lave mad: 15 minutter
Portioner: 4
Sværhedsgrad: hårdt

Ingredienser:

- 2 store æg, let pisket
- 1 spiseskefuld 2% mælk
- 1 pund flåede fiskefileter skåret i 20 strimler (1 tomme brede)
- ½ kop gul majsmel
- ½ kop fuldkorns panko brødkrummer
- ¼ teskefuld røget paprika
- ¼ tsk kosher eller havsalt
- ¼ teskefuld friskkværnet sort peber
- Non-stick madlavningsspray

Indikationer:

Sæt en stor bageplade i ovnen. Forvarm ovnen til 400 ° F med panden indeni. I en stor skål blandes æg og mælk. Tilsæt fiskestrimlerne til æggeblandingen med en gaffel og vend forsigtigt rundt.

Placer majsmel, brødkrummer, røget paprika, salt og peber i en pint-størrelse plastik ziplock-pose. Brug en gaffel eller tang til at overføre fisken til posen, og lad det overskydende æg dryppe ned i skålen, før det overføres. Luk tæt og ryst forsigtigt for at dække hver fiskepind helt.

Tag forsigtigt den varme pande ud af ovnen med ovnluffer og spray den med nonstick-spray. Brug en gaffel eller en tang til at tage fiskefingrene ud af posen og læg dem på den varme pande, og efterlad lidt mellemrum mellem dem, så den varme luft kan cirkulere og svitse dem. Kog i 5-8 minutter, indtil let tryk med en gaffel flager fisken, og server.

Næringsværdi (pr. 100 g): 256 kalorier 6 g fedt 2 g kulhydrater 29 g protein 667 mg natrium

Laks i en gryde

Forberedelsestid: 15 minutter
Tid til at lave mad: 15 minutter
Portioner: 4
Sværhedsgrad: medium

Ingredienser:

- 1 spsk ekstra jomfru olivenolie
- 2 hakkede fed hvidløg
- 1 tsk røget paprika
- 1 liter vindruer eller cherrytomater skåret i kvarte
- 1 (12 ounce) krukke brændt rød peber
- 1 spsk vand
- ¼ teskefuld friskkværnet sort peber
- ¼ tsk kosher eller havsalt
- 1 pund laksefilet, uden skind, skåret i 8 stykker
- 1 spsk friskpresset citronsaft (fra ½ medium citron)

Indikationer:

Kog olien i en gryde ved middel varme. Rør hvidløg og røget paprika i og kog i 1 minut under jævnlig omrøring. Bland tomater, ristet peber, vand, sort peber og salt i. Sæt varmen på medium, lad det simre og kog i 3 minutter og purér tomaterne, indtil kogetiden er gået.

Læg laksen i gryden og dryp lidt af saucen ovenpå. Dæk til og steg i 10-12 minutter (145°F med et kødtermometer), og begynd at skrælle.

Tag gryden af varmen og drys fisken med citronsaft. Rør saucen i, og skær derefter laksen i stykker. At tjene.

Næringsværdi (pr. 100 g): 289 kalorier 13 g fedt 2 g kulhydrater 31 g protein 581 mg natrium

Toscansk tun og zucchini burger

Forberedelsestid: 10 minutter
Tid til at lave mad: 30 minutter
Portioner: 4
Sværhedsgrad: medium

Ingredienser:

- 3 skiver fuldkornssandwichbrød, ristet
- 2 (5 ounce) dåser tun i olivenolie
- 1 kop hakket zucchini
- 1 stort æg, let pisket
- ¼ kop rød peber i tern
- 1 spiseskefuld tørret oregano
- 1 tsk citronskal
- ¼ teskefuld friskkværnet sort peber
- ¼ tsk kosher eller havsalt
- 1 spsk ekstra jomfru olivenolie
- Salat eller 4 fuldkornsbrød, til servering (valgfrit)

Indikationer:

Smuldr ristet brød til brødkrummer med fingrene (eller skær i ¼-tommers terninger med en kniv), indtil du har 1 kop smeltet krummer. Hæld krummerne i en stor skål. Tilsæt tun, zucchini, æg, peber, oregano, citronskal, sort peber og salt. Bland godt med en gaffel. Fordel blandingen i fire frikadeller (1/2 kop størrelse). Læg på en tallerken og pres hver tærte til den har en tykkelse på ca. Fra en tomme.

Varm olien op i en pande ved middel varme. Tilsæt frikadellerne til den varme olie, og reducer derefter varmen til medium. Kog frikadellerne i 5 minutter, vend dem med en foodprocessor og steg i yderligere 5 minutter. Kan nydes som den er eller serveres på salater eller kager lavet af fuldkornsmel.

Næringsværdi (pr. 100 g): 191 kalorier 10 g fedt 2 g kulhydrater 15 g protein 661 mg natrium

Siciliansk sortkål og tun skål

Forberedelsestid: 15 minutter
Tid til at lave mad: 15 minutter
Portioner: 6
Sværhedsgrad: medium

Ingredienser:

- 1 pund grønkål
- 3 spiseskefulde ekstra jomfru olivenolie
- 1 kop hakket løg
- 3 fed hvidløg, hakket
- 1 (2,25-ounce) dåse skåret, drænede oliven
- ¼ kop kapers
- ¼ teskefuld rød peber
- 2 teskefulde sukker
- 2 (6 ounce) dåser tun i olivenolie
- 1 (15 ounce) dåse cannellini bønner
- ¼ tsk malet sort peber
- ¼ tsk kosher eller havsalt

Indikationer:

Kog op til tre fjerdedele vand i en gryde. Rør kålen i og kog i 2 minutter. Si grønkålen gennem en si og stil til side.

Sæt den tomme gryde tilbage på komfuret over medium-høj varme og tilsæt olie. Tilsæt løget og steg i 4 minutter under konstant omrøring. Tilsæt hvidløg og steg i 1 minut. Tilsæt oliven, kapers og hakket chili og kog i 1 minut. Til sidst tilsættes delvist kogt grønkål og sukker, der røres til kålen er helt dækket af olie. Luk gryden og kog i 8 minutter.

Tag kålen af varmen, tilsæt tun, grønne bønner, peber og salt og server.

Næringsværdi (pr. 100 g): 265 kalorier 12 g fedt 7 g kulhydrater 16 g protein 715 mg natrium

Middelhavs torskegryderet

Forberedelsestid: 10 minutter

Tid til at lave mad: 20 minutter

Portioner: 6

Sværhedsgrad: medium

Ingredienser:

- 2 spsk ekstra jomfru olivenolie
- 2 kopper hakket løg
- 2 fed hvidløg, hakket
- ¾ teskefuld røget paprika
- 1 (14,5 ounce) dåse tomater i tern, udrænet
- 1 (12 ounce) krukke brændt rød peber
- 1 kop skiver oliven, grønne eller sorte
- 1/3 kop tør rødvin
- ¼ teskefuld friskkværnet sort peber
- ¼ tsk kosher eller havsalt
- 1 ½ pund torskefileter, skåret i 1-tommers stykker
- 3 kopper skivede svampe

Indikationer:

Kog olien op i en gryde. Tilsæt løget og steg i 4 minutter under omrøring af og til. Rør hvidløg og røget paprika i og kog i 1 minut under jævnlig omrøring.

Bland tomaterne med deres saft, ristede peberfrugter, oliven, vin, peber og salt og sæt varmen til medium. Varm op til kogning.

Tilsæt torsk og svampe og reducer varmen til medium.

Kog i cirka 10 minutter, under omrøring af og til, indtil torsken er kogt og falder let fra hinanden, og server derefter.

Næringsværdi (pr. 100 g): 220 kalorier 8 g fedt 3 g kulhydrater 28 g protein 583 mg natrium

Dampede muslinger i hvidvinssauce

Forberedelsestid: 5 minutter

Tid til at lave mad: 10 minutter

Portioner: 4

Sværhedsgrad: hårdt

Ingredienser:

- 2 pund små muslinger
- 1 spsk ekstra jomfru olivenolie
- 1 kop rødløg i tynde skiver
- 3 fed hvidløg, skåret i skiver
- 1 kop tør hvidvin
- 2 citronskiver (¼ tomme tykke)
- ¼ teskefuld friskkværnet sort peber
- ¼ tsk kosher eller havsalt
- Skiver af frisk citron, til servering (valgfrit)

Indikationer:

I et stort dørslag i vasken hældes koldt vand over muslingerne (men lad ikke muslingerne sidde i stillestående vand). Alle skaller skal være tæt lukkede; kasser skaller, der er lidt åbne eller dem, der er revnede. Lad muslingerne blive i sigten, indtil du skal bruge dem.

Kog olien op i en stor gryde. Tilsæt løget og steg i 4 minutter under omrøring af og til. Tilsæt hvidløg og steg i 1 minut under konstant omrøring. Tilsæt vin, citronskiver, peber og salt og lad det koge ind. Kog i 2 minutter.

Tilsæt muslingerne og læg låg på. Kog indtil muslingerne åbner deres skaller. Ryst forsigtigt gryden to eller tre gange under tilberedningen.

Alle skaller skulle nu være vidt åbne. Ved hjælp af en spatel smid flere lukkede muslinger i. Overfør de åbnede muslinger til en lav serveringsskål og hæld bouillonen over dem. Hvis det ønskes, server med yderligere skiver frisk citron.

Næringsværdi (pr. 100 g): 222 kalorier 7 g fedt 1 g kulhydrater 18 g protein 708 mg natrium

Rejer med appelsin og hvidløg

Forberedelsestid: 20 minutter
Tid til at lave mad: 10 minutter
Portioner: 6
Sværhedsgrad: hårdt

Ingredienser:

- 1 stor appelsin
- 3 spsk ekstra jomfru olivenolie, delt
- 1 spsk hakket frisk rosmarin
- 1 spsk hakket frisk timian
- 3 fed hvidløg, hakket (ca. 1 1/2 tsk)
- ¼ teskefuld friskkværnet sort peber
- ¼ tsk kosher eller havsalt
- 1 ½ pund friske rå rejer, uden skaller eller haler

Indikationer:

Skræl hele appelsinen med en citrusskræller. Bland appelsinskal og 2 spsk olie med rosmarin, timian, hvidløg, peber og salt. Tilsæt rejerne, forsegl posen og massér forsigtigt rejerne, indtil alle ingredienserne er kombineret, og rejerne er helt belagt med toppings. Lad være til side.

Opvarm en grill, grill eller stor stegepande over medium-høj varme. Pensl eller pensl med resterende 1 spsk olie. Tilsæt halvdelen af rejerne og kog i 4-6 minutter, eller indtil rejerne er lyserøde og hvide, vend halvvejs rundt, hvis de grilles, eller rør rundt hvert minut, hvis de steges på panden. Overfør rejerne til en stor serveringsskål. Gentag og læg dem i en skål.

Mens rejerne koger, skrælles appelsinen og frugtkødet skæres i små stykker. Læg i en serveringsskål og pynt med kogte rejer.

Server straks eller køl og server kold.

Næringsværdi (pr. 100 g): 190 kalorier 8 g fedt 1 g kulhydrater 24 g protein 647 mg natrium

Rejeboller bagt i ovnen

Forberedelsestid: 10 minutter

Tid til at lave mad: 20 minutter

Portioner: 4

Sværhedsgrad: medium

Ingredienser:

- 1 kop hakkede friske tomater
- 2 spsk ekstra jomfru olivenolie
- 2 fed hvidløg, hakket
- ½ tsk friskkværnet sort peber
- ¼ teskefuld hakket rød peber
- 1 (12 ounce) krukke brændt rød peber
- 1 pund friske rå rejer, skaller og haler fjernet
- 1 pund frosne dumplings (ikke optøet)
- ½ kop fetaost i tern
- 1/3 kop revet friske basilikumblade

Indikationer:

Forvarm ovnen til 425 ° F. Kombiner tomater, olie, hvidløg, sort peber og hakket rød peber i en bageform. Bages i ovnen i 10 minutter.

Tilsæt den ristede peber og rejer. Kog i yderligere 10 minutter, indtil rejerne bliver lyserøde og hvide.

Mens rejerne koger koges dumplings på komfuret efter anvisningen på pakken. Drænes i et dørslag og holdes varmt. Tag gryden ud af ovnen. Bland den kogte gnocchi, feta og basilikum og server.

Næringsværdi (pr. 100 g): 277 kalorier 7 g fedt 1 g kulhydrater 20 g protein 711 mg natrium

Krydret rejer puttanesca

Forberedelsestid: 5 minutter

Tid til at lave mad: 15 minutter

Portioner: 4

Sværhedsgrad: medium

Ingredienser:

- 2 spsk ekstra jomfru olivenolie
- 3 ansjosfileter, drænet og hakket
- 3 fed hvidløg, hakket
- ½ teskefuld hakket rød peber
- 1 (14,5 ounce) dåse tomater i tern med lavt indhold af natrium eller uden salt, udrænet
- 1 (2,25 ounce) dåse sorte oliven
- 2 spsk kapers
- 1 spsk hakket frisk oregano
- 1 pund friske rå rejer, skaller og haler fjernet

Indikationer:

Kog olie ved middel varme. Bland ansjoser, hvidløg og hakket chili. Kog i 3 minutter, omrør ofte og mos ansjoserne med en træske, indtil de er opløst i olien.

Rør tomaterne i med deres juice, oliven, kapers og oregano. Øg varmen til medium høj og bring det i kog.

Når saucen koger let, røres rejerne i. Vælg medium varme og kog rejerne, indtil de bliver lyserøde og hvide, og server derefter.

Næringsværdi (pr. 100 g): 214 kalorier 10 g fedt 2 g kulhydrater 26 g protein 591 mg natrium

Tun sandwich

Forberedelsestid: 10 minutter
Tid til at lave mad: 0 minutter
Portioner: 4
Sværhedsgrad: let

Ingredienser:

- 3 spsk friskpresset citronsaft
- 2 spsk ekstra jomfru olivenolie
- 1 fed hvidløg, hakket
- ½ tsk friskkværnet sort peber
- 2 (5-ounce) dåser tun, drænet
- 1 (2,25 ounce) dåse skåret oliven
- ½ kop hakket frisk fennikel, inklusive blade
- 8 skiver integreret ristet brød

Indikationer:

Bland citronsaft, olie, hvidløg og peber. Tilsæt tun, oliven og fennikel. Bræk tunen i stykker med en gaffel og rør rundt for at kombinere alle ingredienserne.

Fordel tunsalaten jævnt mellem 4 skiver brød. Dæk hver enkelt med de resterende skiver brød. Lad sandwichene hvile i mindst 5 minutter, så det krydrede fyld kan suge brødet til sig inden servering.

Næringsværdi (pr. 100 g): 347 kalorier 17 g fedt 5 g kulhydrater 25 g protein 447 mg natrium

Laksesalat med dild

Forberedelsestid: 10 minutter
Tid til at lave mad: 10 minutter
Portioner: 6
Sværhedsgrad: let

Ingredienser:

- 1 pund laksefilet, kogt og skåret i skiver
- ½ kop gulerødder i tern
- ½ kop selleri i tern
- 3 spsk hakket frisk dild
- 3 spsk rødløg i tern
- 2 spsk kapers
- 1 og en halv spiseskefuld ekstra jomfru olivenolie
- 1 spiseskefuld lagret balsamicoeddike
- ½ tsk friskkværnet sort peber
- ¼ tsk kosher eller havsalt
- 4 fuldkornsmelwraps eller bløde fuldkornsmelstortillas

Indikationer:

Bland laks, gulerod, selleri, dild, rødløg, kapers, olie, eddike, peber og salt. Fordel laksesalaten mellem focacciaen. Fold bunden af fladbrødet, rul derefter sammen og server.

Næringsværdi (pr. 100 g): 336 kalorier 16 g fedt 5 g kulhydrater 32 g protein 884 mg natrium

Hvid muslingetærte

Forberedelsestid: 10 minutter

Tid til at lave mad: 20 minutter

Portioner: 4

Sværhedsgrad: hårdt

Ingredienser:

- 1 pund afkølet frisk pizzadej
- Non-stick madlavningsspray
- 2 spsk ekstra jomfru olivenolie, delt
- 2 fed hvidløg, hakket (ca. 1 tsk)
- ½ teskefuld hakket rød peber
- 10 ounce dåse hele muslinger, drænet
- ¼ kop tør hvidvin
- Universalmel, til drys
- 1 kop mozzarella i tern
- 1 spsk pecorino romana eller revet parmesanost
- 1 spsk hakket frisk persille (italiensk)

Indikationer:

Forvarm ovnen til 500 grader F. Beklæd en bred, kantet bageplade med nonstick-spray.

Varm 1 og en halv spsk olie i en stor pande. Tilsæt hvidløg og hakket chili og steg i 1 minut, rør ofte for at forhindre, at hvidløget brænder på. Tilsæt den reserverede muslingejuice og vin. Bring i kog ved høj varme. Reducer varmen til medium for at bringe saucen i kog og kog i 10 minutter under omrøring af og til. Saucen vil koge og tykne.

Tilsæt muslingerne og kog i 3 minutter under omrøring af og til. Mens saucen koger, på en let meldrysset overflade, brug en kagerulle eller rul ud med dine hænder til at danne en 12-tommer cirkel eller et 10-x-12-tommer rektangel. Læg dejen på den forberedte bageplade. Overtræk pastaen med den resterende ½ spsk olie. Stil til side, indtil muslingesovsen er klar.

Fordel muslingesaucen over den tilberedte dej til inden for ½ tomme fra kanten. Top med mozzarella, og drys derefter med pecorino romano.

Bages i 10 minutter. Tag pizzaen ud af ovnen og læg den på et træskærebræt. Drys med persille, skær i otte stykker med en pizzaskærer eller skarp kniv og server.

Næringsværdi (pr. 100 g): 541 kalorier 21 g fedt 1 g kulhydrater 32 g protein 688 mg natrium

Fiskeret med bagte bønner

Forberedelsestid: 10 minutter
Tid til at lave mad: 10 minutter
Portioner: 4
Sværhedsgrad: let

Ingredienser:

- 1 spsk balsamicoeddike
- 2½ kopper grønne bønner
- 1 pint cherrytomater eller cherrytomater
- 4 (4 ounce hver) fiskefileter, såsom torsk eller tilapia
- 2 spsk olivenolie

Indikationer:

Forvarm ovnen til 400 grader. Smør to bageplader med lidt olivenolie eller olivenoliespray. Arranger 2 fiskefileter på hver plade. Hæld olivenolie og eddike i en skål. Forenes for at blande godt med hinanden.

Bland grønne bønner og tomater. Forenes for at blande godt med hinanden. Bland de to blandinger godt med hinanden. Tilsæt blandingen jævnt over fiskefileterne. Kog i 6-8 minutter, indtil fisken er uigennemsigtig og let flager. Serveres varm.

Næringsværdi (pr. 100 g): 229 kalorier 13 g fedt 8 g kulhydrater 2,5 g protein 559 mg natrium

Torskegryderet med svampe

Forberedelsestid: 10 minutter

Tid til at lave mad: 20 minutter

Portioner: 6

Sværhedsgrad: let

Ingredienser:

- 2 spsk ekstra jomfru olivenolie
- 2 fed hvidløg, hakket
- 1 dåse tomater
- 2 kopper hakket løg
- ¾ teskefuld røget paprika
- 12-ounce krukke med ristede røde peberfrugter
- 1/3 kop tør rødvin
- ¼ tsk kosher eller havsalt
- ¼ teskefuld sort peber
- 1 kop sorte oliven
- 1 ½ pund torskefileter, skåret i 1-tommers stykker
- 3 kopper skivede svampe

Indikationer:

Tag en mellemstor gryde, opvarm olie på medium varme. Tilsæt løget og steg i gryden i 4 minutter. Tilsæt hvidløg og røget paprika; kog i 1 minut under jævnlig omrøring. Tilsæt tomat med juice, ristet peber, oliven, vin, peber og salt; bland forsigtigt. Kog blandingen. Tilsæt torsk og svampe; reducere varmen til medium. Luk og kog indtil torskeflagerne, rør ind imellem. Serveres varm.

Næringsværdi (pr. 100 g): 238 kalorier 7 g fedt 15 g kulhydrater 3,5 g protein 772 mg natrium

Krydret sværdfisk

Forberedelsestid: 10 minutter

Tid til at lave mad: 15 minutter

Portioner: 4

Sværhedsgrad: medium

Ingredienser:

- 4 sværdfisk bøffer (7 ounce hver)
- 1/2 tsk stødt sort peber
- 12 pillede fed hvidløg
- 3/4 tsk salt
- 1 1/2 tsk stødt spidskommen
- 1 tsk paprika
- 1 tsk koriander
- 3 spiseskefulde citronsaft
- 1/3 kop olivenolie

Indikationer:

Tag en blender eller multifunktionsblender, åbn låget og tilsæt alle ingredienserne undtagen sværdfisk. Luk låget og bland for at få en ensartet blanding. Tør fiskebøfferne; dæk jævnt med den tilberedte krydderiblanding.

Tilføj dem til aluminiumsfolien, dæk til og lad dem stå i køleskabet i 1 time. Varm grillpanden op ved høj varme, hæld olie på og varm op. Tilføj fiskebøffer; Steg på panden i 5-6 minutter på hver side, indtil de er gennemstegte og jævnt brune. Serveres varm.

Næringsværdi (pr. 100 g): 255 kalorier 12 g fedt 4 g kulhydrater 0,5 g protein 990 mg natrium

Pasta Mania med ansjoser

Forberedelsestid: 10 minutter

Tid til at lave mad: 20 minutter

Portioner: 4

Sværhedsgrad: let

Ingredienser:

- 4 ansjosfileter, pakket i olivenolie
- 1/2 pund broccoli, skåret i 1-tommers buketter
- 2 fed hvidløg, skåret i skiver
- 1 lb fuldkorns penne
- 2 spsk olivenolie
- ¼ kop revet parmesanost
- Salt og sort peber, lige nok
- Rød peberflager, ganske nok

Indikationer:

Kog pastaen som anvist på pakken; dræn og sæt til side. Tag en gryde eller mellemstor pande, tilsæt olie. Varm op over middel varme. Tilsæt ansjoser, broccoli og hvidløg og steg i gryden til grøntsagerne er bløde, 4-5 minutter. Fjern fra varmen; ælt dejen. Serveres varm med parmesanost, rød peberflager, salt og sort peber drysset ovenpå.

Næringsværdi (pr. 100 g): 328 kalorier 8 g fedt 35 g kulhydrater 7 g protein 834 mg natrium

Pasta med rejer og hvidløg

Forberedelsestid: 10 minutter

Tid til at lave mad: 15 minutter

Portioner: 4

Sværhedsgrad: let

Ingredienser:

- 1 pund rejer, pillet og deveiret
- 3 fed hvidløg, hakket
- 1 løg finthakket
- 1 pakke fuldkorns- eller bønnepasta efter eget valg
- 4 spiseskefulde olivenolie
- Salt og sort peber, lige nok
- ¼ kop basilikum, skåret i strimler
- ¾ kop lavnatrium kyllingebouillon

Indikationer:

Kog pastaen som anvist på pakken; skyl og sæt til side. Tag en mellemstor pande, tilsæt olie og opvarm på medium varme. Tilsæt løg, hvidløg og steg på panden, indtil det er gennemsigtigt og duftende, 3 minutter.

Tilsæt rejer, sort peber (kværnet) og salt; Kog i gryden i 3 minutter, indtil rejerne bliver uigennemsigtige. Tilsæt suppen og lad det simre i yderligere 2-3 minutter. Tilføj pasta til serveringsskåle; tilsæt rejeblanding ovenpå; serveres varm med basilikum på toppen.

Næringsværdi (pr. 100 g): 605 kalorier 17 g fedt 53 g kulhydrater 19 g protein 723 mg natrium

Orange fiskemel

Forberedelsestid: 10 minutter
Tid til at lave mad: Fem minutter
Portioner: 4
Sværhedsgrad: let

Ingredienser:

- ¼ tsk kosher eller havsalt
- 1 spsk ekstra jomfru olivenolie
- 1 spsk appelsinjuice
- 4 (4-ounce) tilapiafileter, flåede eller uden skind
- ¼ kop hakket rødløg
- 1 avocado, udstenet, skrællet og skåret i skiver

Indikationer:

Tag en 9-tommers bradepande; tilsæt olivenolie, appelsinjuice og salt. Kombiner godt. Tilsæt fiskefileterne og dæk godt til. Tilsæt løg til fiskefileterne. Dæk med gennemsigtig folie. Mikroovn i 3 minutter, indtil fisken er gennemstegt og flaget. Serveres varm med skåret avocado på toppen.

Næringsværdi (pr. 100 g): 231 kalorier 9 g fedt 8 g kulhydrater 2,5 g protein 536 mg protein

Rejer Zoodles

Forberedelsestid: 10 minutter

Tid til at lave mad: Fem minutter

Portioner: 2

Sværhedsgrad: let

Ingredienser:

- 2 spsk hakket persille
- 2 teskefulde hakket hvidløg
- 1 tsk salt
- ½ tsk sort peber
- 2 mellemstore zucchini, spiral
- 3/4 pund mellemstore rejer, pillede og deveirede
- 1 spsk olivenolie
- 1 citron, presset og revet

Indikationer:

Tag en mellemstor pande eller pande, tilsæt olie, citronsaft, citronskal. Varm op over middel varme. Tilsæt rejerne og steg i gryden i 1 minut på hver side. Steg hvidløg og rød peberflager i yderligere 1 minut. Tilføj Zoodles og vend forsigtigt; kog i 3 minutter, indtil de er tilstrækkeligt kogte. Krydr godt, server varm med persille på toppen.

Næringsværdi (pr. 100 g): 329 kalorier 12 g fedt 11 g kulhydrater 3 g protein 734 mg natrium

Aspargesmel

Forberedelsestid: 10 minutter

Tid til at lave mad: 20 minutter

Portioner: 4

Sværhedsgrad: let

Ingredienser:

- 2 kilo ørredfilet
- 1 pund asparges
- Salt og hvidkværnet peber, lige nok
- 1 spsk olivenolie
- 1 fed hvidløg, finthakket
- 1 skalotteløg i tynde skiver (grøn og hvid del)
- 4 mellemstore bagte kartofler, skåret i tynde skiver
- 2 romatomater, hakkede
- 8 kalamata udstenede oliven, hakket
- 1 stor gulerod, skåret i tynde skiver
- 2 spsk tør persille
- ¼ kop malet spidskommen
- 2 skeer paprika
- 1 spiseskefuld grøntsagssuppedressing
- ½ glas tør hvidvin

Indikationer:

Tilsæt fiskefileter, hvid peber og salt i skålen. Forenes for at blande godt med hinanden. Tag en gryde eller mellemstor pande, tilsæt olie. Varm op over middel varme. Tilsæt asparges, kartofler, hvidløg, den hvide del af skalotteløget og steg i gryden, indtil de er bløde i 4-5 minutter. Tilsæt tomater, gulerødder og oliven; Kog i gryden i 6-7 minutter, indtil de er bløde. Tilsæt spidskommen, paprika, persille, suppedressing og salt. Bland blandingen godt.

Bland hvidvin og fiskefileter. Ved lav varme, læg låg på og lad det simre i cirka 6 minutter, indtil fisken begynder at skrælle let, rør ind imellem. Serveres varm med grønne løg på toppen.

Næringsværdi (pr. 100 g):303 kalorier 17 g fedt 37 g kulhydrater 6 g protein 722 mg natrium

Grønkål oliven tun

Forberedelsestid: 10 minutter
Tid til at lave mad: 15 minutter
Portioner: 6
Sværhedsgrad: medium

Ingredienser:

- 1 kop hakket løg
- 3 fed hvidløg, hakket
- 1 (2,25-ounce) dåse skåret, drænede oliven
- 1 pund hakket grønkål
- 3 spiseskefulde ekstra jomfru olivenolie
- ¼ kop kapers
- ¼ teskefuld hakket rød peber
- 2 teskefulde sukker
- 1 (15 ounce) dåse cannellini bønner
- 2 (6-ounce) dåser tun i olivenolie, udrænet
- ¼ teskefuld sort peber
- ¼ tsk kosher eller havsalt

Indikationer:

Læg sortkål i blød i kogende vand i 2 minutter; dræn og sæt til side. Tag en mellemstor til stor gryde eller bouillon, varm olien op over medium varme. Tilsæt løget og steg i gryden, indtil det er gennemsigtigt og blødt. Tilsæt hvidløg og steg i gryden, indtil dufter, 1 minut.

Tilsæt oliven, kapers og chili og steg på panden i 1 minut. Bland sortkål og sukker. Dæk til og kog blandingen ved svag varme i ca. 8-10 minutter, mens du rører ind imellem. Tilsæt tun, bønner, peber og salt. Bland godt og server varmt.

Næringsværdi (pr. 100 g): 242 kalorier 11 g fedt 24 g kulhydrater 7 g protein 682 mg natrium

Kylling med kapersauce

Forberedelsestid: 10 minutter

Tid til at lave mad: 18 minutter

Portioner: 5

Sværhedsgrad: hårdt

Ingredienser:

- Til kyllingen:
- 2 æg
- Salt og kværnet sort peber, lige nok
- 1 kop tørre brødkrummer
- 2 spsk olivenolie
- 1 ½ pund udbenet, skindfri kyllingebryst halveret, stødt til ¾ tomme tykkelse og skåret i stykker
- Til kapersauce:
- 3 spiseskefulde kapers
- ½ glas tør hvidvin
- 3 spiseskefulde frisk citronsaft
- Salt og kværnet sort peber, lige nok
- 2 spsk hakket frisk persille

Indikationer:

Til kyllingen: Tilsæt æg, salt og sort peber i et lavt fad og pisk indtil blandingen er jævn. Læg brødkrummerne i en anden lav skål. Dyp kyllingestykkerne i æggeblandingen og beklæd dem jævnt med rasp. Ryst overskydende brødkrummer af.

Varm olien op ved middel varme og steg kyllingestykkerne i cirka 5-7 minutter på hver side eller til de er gennemstegte. Læg kyllingestykkerne med en hulske på en tallerken beklædt med sugende papir. Dæk kyllingestykkerne med et stykke alufolie for at holde dem varme.

I samme gryde blandes alle ingredienserne til saucen undtagen persillen og koges i cirka 2-3 minutter under konstant omrøring. Rør persillen i og tag den af varmen. Server kyllingestykker med kapersauce.

Næringsværdi (pr. 100 g): 352 kalorier 13,5 g fedt 1,9 g kulhydrater 1,2 g protein 741 mg natrium

www.ingramcontent.com/pod-product-compliance
Lightning Source LLC
Chambersburg PA
CBHW071433080526
44587CB00014B/1822